공유경제 쯤 아는 10대

사회
쫌 아는
십 대
10

고용경제

석혜원 글 | 신병근 그림

좀 아는 10대

협력과 나눔으로 즐기는
새로운 경제

풀빛

기획의 말

무엇으로 채워져 있는지 알 수 없는 도화지 위에 검은색 색종이가 덮여 있습니다. 도화지에 무엇이 담겨 있는지 알려면 색종이를 없애야 하는데, 그걸 치울 방법은 없습니다. 대신 바늘이 하나 놓여 있습니다. 색종이를 뚫고 작고 동그랗게 난 구멍에 한쪽 눈을 대고 거기에 비친 상을 볼 수 있습니다. 그야말로 바늘구멍인데 가까이 눈을 대고 바라보니 생각지도 못한 많은 색과 형체와 움직임이 들어옵니다. 바늘구멍 크기만 한 상이 아니고 도화지와 색종이 사이의 간격과 비례해 더 많은 형체가 보입니다. 신기한 나머지 다른 쪽에도 구멍을 하나 더 냅니다. 보이는 색과 모양은 또 다릅니다. 이곳저곳에 구멍을 더 내고 형체들을 확인하며 도화지에 담긴 전체 모습을 유추해 봅니다.

도화지에 담긴 모습은 우리가 사는 사회입니다. 검은색 색종이는 그것을 어떻게 봐야 할지 아직 시력을 갖지 못한 상태입니다. 우리가 발딛고 사는 세상임에도 그것이 어떤 모양으로 무슨 색을 품은 채 어떻게 서로 이어져 움직이는지 알 수 없다면 제대로 안다고 말할 수 없을 것입니다.

〈사회 쫌 아는 십대〉는 검은색 색종이에 작으나마 구멍을 낼 수 있는 바늘입니다. 〈사회 쫌 아는 십대〉를 이루는 한 권 한 권의 책은 그

바늘로 뚫은 구멍입니다. 최저임금이라는 바늘구멍으로 본 도화지에는 노동과 인권, 사회 정의가 그려져 있습니다. 시장과 가격이라는 바늘구멍으로 보면 시장의 흐름과 흐름을 만들어 가는 여러 힘이 들어옵니다. 젠트리피케이션이라는 구멍에 눈을 대면 도시와 인간의 탐욕, 자본주의의 진실이 설쳐집니다. 선거라는 구멍을 통해서는 정치와 시민과 민주주의가 보입니다. 기본소득이라는 구멍을 내니 복지 시스템과 불평등의 실체와 공동체의 꿈을 확인할 수 있습니다.

지금까지 〈사회 쫌 아는 십대〉는 사회라는 도화지를 제대로 보기 위해 여러 곳에 구멍을 냈습니다. 그 구멍을 통해 정치를, 경제를, 공동체를 다방면으로 볼 수 있게 도왔지요. 앞으로 더 여러 곳에 바늘을 대려고 합니다. 하지만 소망합니다. 이렇게 주어진 바늘로 여러분만의 구멍을 이곳저곳에 내 보기를요. 그리하여 우리 사는 세상을 부디 넓고 제대로 보기를요. 더 바랍니다. 어느덧 구멍에 비친 사회를 바라보는 것에서 한발 더 나아가 얼룩진 부분에 일침을 놓는 도구로 그 바늘을 쓰기를요. 〈사회 쫌 아는 십대〉가 꿈꿉니다.

김재실

'소비=소유'라는 생각이 바뀌고 있어

영국의 유명한 경제학자 존 메이너드 케인스는 1930년에 〈우리 후손을 위한 경제적 가능성〉이라는 에세이를 발표했어. 이 글에는 100년 후에는 1인당 소득이 4~8배 증가하고, 하루 3시간, 일주일에 15시간만 일해도 기본적인 생활을 할 수 있는 시대가 될 거라는 내용이 담겨 있단다. 그런데 케인스가 거론한 100년 후에 근접한 지금, 기술이 진보하고 생산성이 향상되면서 1인당 소득은 예측대로 증가하고 있지만, 노동시간은 거의 줄어들지 않고 있어. 영국의 경제사학자 로버트 스키델스키(Robert Skidelsky, 1939~)와 그의 아들인 철학자 에드워드 스키델스키(Edward Skidelsky, 1973~)는 역사와 철학, 경제학적인 관점을 모두 동원하여 왜 노동시산에 대한 케인스의 예측이 빗나갔는지 파악하고자

했어. 그들이 찾아낸 결론은, 사람들이 자본주의에 영혼을 빼앗겨 부가 주는 진정한 편익을 누리지 못하고 더 많은 소득을 올리는 데 혈안이 되었기 때문이라는 거야. 모두가 대량생산 대량소비의 경제 구조 속에서 허우적거리며 더 많은 소유를 위해 돈을 버는 일에 매달렸다는 거지.

그런데 끊임없이 생산과 소비를 늘리면서 성장을 추구하는 자본주의 시스템이 고장 나면서 2008년 세계적인 경제 위기가 발생했어. 이후 낮은 경제성장과 높은 실업이 일반적인 추세로 자리 잡게 되었지. 그런데 경제성장률이 마이너스라고 해도 일자리 나누기가 성공적으로 이루어지면 일자리는 늘어날 수 있고, 높은 성장이 지속되더라도 기계나 로봇을 이용한 생산성이 증가되어 고용 없는 성장이 이루어진다면 실업률은 오히려 높아져. 또한 경제성장률을 구할 때 흔히 GDP(Gross Domestic Product; 국내총생산)를 경제지표로 사용하는데, 여기에는 명백한 한계가 있어. 돈을 들이지 않는 활동은 GDP에 포함되지 않거든. 이게 무슨 말이냐고? 집에서 혼자 공부를 하면 GDP에 영향을 미치지 않아. 하지만 학원에서 돈을 내고 공부하면 GDP는 올라가지. 생활환경이 나빠져서 돈을 쓰게 되어도 GDP가 올라가. 예를 들어,

미세먼지로 인해 건강이 나빠져 병원에서 진료를 받거나, 범죄가 늘어서 생활 공간에 보안장치를 설치한다면 사용한 진료비와 장치 구입비가 GDP로 잡혀. 이 지출이 삶의 질을 높이는 데 쓰이지 않는데도 말이야.

이처럼 복잡한 경제 문제를 풀어 나가려면 경제를 바라보는 시각부터 바뀌어야 한다는 목소리가 높아졌어. 그리고 경제성장률이라는 숫자에 얽매이지 않고 사람들의 삶의 질을 향상시키는 데 목표를 둔 새로운 경제를 찾으려는 시도들이 이루어졌지. 자본주의가 발달하면서 묵묵히 자취만 이어 가던 공유경제에 관심이 높아진 것도 이런 시도 중의 하나야.

'소비=소유'라는 생각이 바뀌면서, 내 것이 없어도 빌려서 사용하면 된다는 새로운 소비 방식이 자리 잡기 시작했어. 사용하지 않는 집이나 자동차 등의 자원을 필요한 사람이 빌려서 사용하는 소비 방식을 공유경제라고 하지. 정보통신 기술의 발달과 스마트폰의 등장으로 사용하지 않는 자원을 가진 사람과 이를 필요로 하는 사람을 연결하는 일이 쉬워지면서 공유경제는 빠른 속도로 성장했어. 공유경제가 활성화되자 공유경제의 미래를 장밋빛으로 보고 공유경제 기업에 투자가 몰려들어 공유가 없는 가짜 공유경제가 등장하는 부작용도 생겼지. 이로 인해 공유경제에 대한 잡음이 커지고 공유경제는 부스러기만 나누는 경제라고 폄하하는 사람도 생겼어. 사람들이 호들갑을 떨며 환호성을 보내다가, 가짜 공유경제에 속고 나서 공유경제 자체를 깎아내리게 된 거지. 경제적인 효용을 높여서 삶의 질을 높이는 공유경제의 장점이 달라진 건 아닌데 말이야.

불필요한 논란을 벌이는 건 시간 낭비일 거야. 대신 공유 없는 공유경제는 설 자리가 없게 만들고, 공유경제가 가진 가치를 최대한으로 끌어낼 수 있는 환경과 제도를 차근차근 만들어 나가야지. 네 생각은 어때?

'미안, 공유경제를 잘 몰라서 답을 할 수 없어요.' 내게 보내는 쪽지야? 어머나, 오히려 내가 미안하다. 네가 모르는 말을 계속해서. 지금부터 공유경제라는 새로운 소비 방식이 어떤 경제적 의미를 가지고 있고 어떻게 우리 삶을 바꿀 수 있는지 이야기해 줄게. 다 듣고 나서 네 생각도 말해 줄 거지?

차례

1

공유경제의
역사 속으로

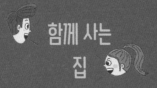

함께 사는
집

현우 와! 여기가 누나가 사는 곳? 깔끔하고 아담하다.

신기 내 방은 3층. 여기는 이 집에 사는 사람들이 함께 사용하는
카페야. 이 집에서 살지 않는 사람들도 자유롭게 드나들 수
있어. 2층에는 함께 사용하는 사무실도 있어.

쇼미 큰 이모네가 멀리 이사 가서 언니 혼자 어떻게 살지 걱정했
는데, 얼굴이 더 훤해졌는걸. 이모가 혼자서도 잘 산다고 오
히려 서운해할 정도야.

신기 그러게. 가족과 떨어져 이렇게 잘 지낼지 몰랐네. 사실 혼자
가 아니야. 무려 스물한 명이 함께 사니까.

현우 스물한 명이나? 누나 방은 어디야? 구경할 수 있어?

신기 아니, 3층부터는 여기 사는 사람만 들어갈 수 있어. 외부 사
람들이 들어와 북적이면 함께 사는 다른 사람들에게 피해를
주니까 그런 규칙을 정한 거야.

쇼미 잉, 실망이다. 당연히 방도 구경할 줄 알았는데.

신기 그래서 사진을 준비했지. 방에는 침대, 책상, 붙박이 옷장, 화
장대, 작은 수납장, 텔레비전과 냉장고가 있어. 냉난방시설은

공간을 절약하려고 천상에 달았고. 미닫이문을 열면 화장실과 샤워 부스가 있어.

쇼미 필요한 건 다 있네. 세탁기는?

신기 층마다 공동 주방과 세탁 건조실이 있어. 음식은 주방에서 직접 만들기도 하고, 아침 식사는 주로 1층 카페에서 해. 입주한 사람들은 20퍼센트 할인을 받아서 저렴한 가격으로 먹을 수 있거든. 아, 옥상에 바비큐장도 있어. 개인 공간과 공유 공간을 분리해서 공간 활용도를 높인 게 공유주택의 장점이야. 여기는 규모가 작고 비교적 저렴한 공유주택이라 공유시설이 그리 많지 않지만 도서실, 호텔급 라운지, 헬스장 등 다양한 시설을 갖춘 곳도 있어.

현우 공유주택? 이런 곳을 공유주택이라고 해?

신기 응. 영어로는 코리빙 하우스(Co-Living House). 함께 사는 집이란 뜻이야. 식구들이 이사를 가기로 해서 혼자 살 집을 구하려고 원룸과 오피스텔 몇 군데를 돌아봤거든. 그런데 친구가 마침 공유주택을 추천하는 거야. 처음에는 공유주택이 한 공간에서 방만 따로 쓰고 거실, 부엌, 화장실 등은 다른 사람들과 함께 사용하는 집이라고 생각했어. 그럼 내 생활을 너무 침해받을 것 같아서 내키지 않았지. 그런데 개인 공간은 독립되어 있고, 사용 빈도가 낮은 공간만 함께 사용하는 집이라고 하더라고. 직접 와서 설명을 들으니 마음에 딱 들지 뭐야. 개인 공간과 공유 공간, 제공되는 서비스를 살펴보니 가격에 비해서 괜찮았거든. 인터넷도 공용이라 따로 비용을 낼 필요도 없고. 그래서 여기서 살기로 한 거야.

현우 그러니까 공유주택은 다른 사람과 함께 살지만 개인 생활이 보장되는 집이구나. '따로'와 '함께'가 둘 다 가능한 집.

신기 맞아. 게다가 더 좋은 건 카페에서 식사하거나 주방에서 음식을 만들면서 이 집에 사는 사람들과 만나니까 혼자라는 느낌이 안 든다는 거야. 지쳤을 때 캄캄한 방에 들어서면 외롭고, 아프면 서러울 수 있는데, 카페나 주방에서 누군가 토닥거려 주면 그런 기분들이 날아가 버리거든.

쇼미 정말 그렇겠다. 그나저나 언니, 필요한 가구나 가전제품은 다 샀어? 엄마가 필요한 걸 알려 주면 여기로 보내 주신대.

신기 옷이나 개인용품만 챙겨 오면 되니까 특별히 살 게 없어. 콘도처럼 가구나 가전제품, 침구까지 모두 갖추어져 있거든.

현우 정말 편리하네.

신기 경제적으로도 이득이야. 물론 공짜는 아니고 사용료는 매달 내는 관리비에 포함되어서 나가지. 그래도 이런 방식이 좋아. 한꺼번에 모든 걸 장만하려면 목돈이 필요하잖아. 내 물건이라 이사 갈 때 가져가려면 번거로운 데다 비용이 들고. 새로 살 곳에서 쓸모없어서 버려야 하면 오히려 손해지.

쇼미 필요한 가구나 가전제품을 사지 않고 빌려서 사용하는 거나 마찬가지네. 어떤 물건이든 다른 사람과 함께 사용하면 물건 값을 나누어 내는 셈이니까 돈이 훨씬 절약되겠다.

신기 그게 바로 공유경제의 장점이지.

현우 공유경제? 아까는 공유주택이라고 하더니 공유주택을 공유 경제라고도 해?

신기 아니. 공유주택은 공유경제에 속하는 하나의 작은 부분이야.

쇼미 생각해 보니 공유경제라는 말은 제법 들었는데 뭔지 모르겠어. 말이 나온 김에 알아두면 좋을 것 같은데, 설명해 줄 수 있어, 언니?

신기 아이고, 내가 먼저 경제에 관심을 가지라고 했으니, 부탁을 들어줄 수밖에.

신기 《시장과 가격 쫌 아는 10대》에서 사람들은 가격보다 재화와 서비스가 주는 만족감이 더 커야만 소비를 한다고 했지? 그런

데 소비가 주는 만족도를 경제용어로 뭐라고 하는지 기억나?

쇼미 가물가물한데…. 아, 효용이다!

신기 맞아. 그런데 상품을 구매하지 않고 효용을 누릴 수 있는 방법은 없을까?

현우 방법이 있을 거라는 생각은 드는데, 뭔지는 모르겠어.

신기 사람들이 물건을 사는 건 사용하기 위해서야. 가졌다는 걸 자랑하고 싶어서 사는 사람도 있긴 하지만. 그런데 사지 않고도 사용할 수 있다면 살 필요가 있을까?

쇼미 굳이 사지 않을 것 같은데.

신기 간단하게 말하면 공유경제란 내 것을 다른 사람이, 또는 다른 사람의 것을 내가 사용할 수 있게 해 주는 시스템이야. 1984년 미국 하버드대학교의 마틴 와이츠먼(Martin Weitzman) 교수가 〈공유경제, 불황을 정복하다(The Share Economy, Conquering Stagflation)〉라는 논문을 발표했어. 와이츠먼은 이 논문에서 공유경제를 "어떤 상품을 여럿이 나누어 사용하며 효용을 누릴 수 있는 경제"라고 소개했지. 하지만 공유경제는 2000년대 후반까지 그리 관심을 끌지 못했어.

쇼미 그럼 언제 공유경제에 관심이 생긴 거야?

신기 2008년 당시 하버드대학교 교수였던 스탠퍼드대학교 로렌스 레식(Lawrence Lessig) 교수가 《리믹스(Remix)》라는 책에서 이를 다시 다룬 이우야. 이 책에서는 공유경제(Sharing Economy) 를 사람들이 "돈을 주고받지 않고 인간관계나 다른 사람을 배려함으로써 느낄 수 있는 만족감을 목적으로 재화와 서비스를 교환하는 경제 방식"이라고 했어. 마틴 와이츠먼이 1984년에 발표한 자신의 논문에서 'the share economy'라고 공유경제를 언급한 것과 달리, 우리가 지금 사용하는 공유경제를 뜻하는 'sharing economy'는 로렌스 레식 교수가 2008년에 펴낸 논문 이후에 정착되었어. 로렌스 레식 교수는 돈을 벌기 위해 생산된 재화나 서비스를 구매하여 소유하는 경제 방식인 상업경제(Commercial Economy)가 아니어도 공유경제를 통해서 효용을 만들어 낼 수 있다는 걸 강조했지.

현우 휴, 무슨 소린지 모르겠다. 좀 구체적으로 설명해 줘.

신기 만약 내가 거의 타지 않고 집 앞에 세워 둔 자전거를 친구들 누구든지 타라고 했다고 하자. 자전거가 없는 친구들을 배려해서 내 물건을 내놓은 거야. 그럼 친구들은 자전거를 타고 싶을 때 새 자전거를 사지 않고 내 자전거를 타면 되니까 자기 자전거를 가졌을 때와 비슷한 효용을 누리게 되겠지?

쇼미 나한테 쓸모없는 물건을 다른 사람이 사용하도록 해서 돈을 주고 새로 사지 않아도 경제적 효용을 누리게 한다? 뭐, 이런 뜻인가?

신기 바로 그거야. 자전거까지 갈 필요도 없이 우리가 알게 모르게 사용하는 공유경제 자원이 있어. 뭔 줄 아니? 로렌스 레식 교수는 공유경제의 대표적인 예로 인터넷 이용자가 만드는 백과사전 위키피디아를 꼽았어. 난 위키피디아 마니아야. 궁금한 것이 생길 때마다 수시로 이 사이트에 접속해서 정보를 찾아보거든. 위키피디아는 저자가 따로 없어. 여기에 글을 쓴다고 돈을 주는 건 아니지만 많은 사람이 자기의 지식을 올려. 근거가 되는 출처도 알려 줘. 다른 사람이 거기에 내용을 덧붙이고, 잘못된 점이 있

으면 이를 바로잡고. 지식을 올린 사람들이 어떤 대가를 바라고 그렇게 한 건 아닐 거야. 수천만이 넘는 사람들이 참여하고 협력하여 만들어 낸 집단지성의 힘이 위키피디아를 이전의 백과사전을 대체하는 현대 최고의 지식 저장고로 자리 잡게 한 이유겠지. 이런 방식으로 가치 있는 지식들이 엄청나게 쌓이게 된 위키피디아는 누구의 소유도 아니야. 모든 사람이 이용할 수 있는 공유물이지.

현우 듣고 보니 공유경제를 생각해 낸 건 대단한데.

신기 따지고 보면 함께 사용하는 공유의 역사는 소유의 역사보다 훨씬 전으로 거슬러 올라가. 인류의 조상들이 작은 집단을 이루며 모여 살던 시대에는 물건이나 땅의 주인이 따로 없는 공동생활을 했으니까. 함께 사는 사람의 수가 늘어나 사람들 사이에 계급이 생기고, 개인 재산을 인정하는 제도가 만들어진 후에도 공유는 사라지지 않았어.

요미 시골 할머니 집에 가면 마을에 우물이 있어. 아버지 말씀이 예전에 집에 우물이 없는 사람들은 모두 거기서 물을 길어 먹었대. 그런 것도 공유라고 할 수 있어?

신기 물론이지. 옛날에는 동서양을 막론하고 먹을 물을 얻기 위해 물이 솟아나는 곳까지 땅을 파고 우물을 만들었어. 집 안에 우물이 있는 집도 있었지만 그렇지 않은 집도 제법 많았단다.

우물이 없는 집에 사는 사람들은 마을의 공유물인 공동 우물에서 물을 길어서 사용했지.

공유의 다른 예로 중세 유럽 마을의 공동 화덕을 들 수 있어. 집집마다 화덕을 만드는 것보다 자원의 효율성을 높이려고 공동 화덕을 만들었던 거야.

현우 도서관도 여러 사람이 함께 이용하는 기관이잖아.

신기 맞아. 도서관뿐만 아니라 공원이나 대중교통 수단도 여러 사람이 함께 이용해. 이처럼 공유는 오랜 시간 묵묵히 지속되었어.

쇼미 새로운 생활방식도 아닌데, 왜 갑자기 공유경제에 대한 관심이 커진 거야?

신기 공유경제가 로렌스 레식 교수가 정의한 대로 돈을 주고받지 않고 이루어지는 재화와 서비스의 교환으로만 머물렀다면 그리 큰 관심을 끌지 않았을 거야. 그런데 에어비앤비(Airbnb)를 시작으로 공유경제 기업들이 우후죽순처럼 등장하며 사람들이 가진 소비에 대한 인식을 바꾸었거든.

현우 공유경제 기업?

신기 사용하지 않는 자원을 가진 공급자와 그것을 필요로 하는 사용자를 연결하는 일을 하는 기업을 공유경제 기업이라고 해. 사용자는 돈을 내고, 기업은 수수료를 받지.

쇼미 그럼 공짜가 아니잖아.

신기 그래서 공유경제의 범위도 '돈을 주고받지 않는 교환'을 넘어 '한번 생산된 재화는 물론, 생산설비나 서비스 등을 소유하지 않고 필요한 만큼 빌려 쓰는 모든 소비활동'으로 확대되었어.

현우 기업들이 공유경제를 키우는 데 큰 공을 세운 거네.

신기 글쎄, 공을 세웠다고 해야 하나, 아니라고 해야 하나. 공유경제 기업의 등장으로 공유경제는 성장했지만 이로 인해 생겨난 문제점도 만만치 않거든. 공유경제 기업에 대한 기존 산업 종사자들의 반발이 생겨났고, 공유경제가 돈벌이 수단이 되면서 공유경제의 장점이 묻혀 버리기도 했어. 상업경제의 대안으로 공유경제를 제안했던 로렌스 레식 교수가 이런 변화를 매우 애석하다고 했을 정도야.

쇼미 정말? 겉으로 보면 왠지 좋은 일을 한 것 같은데, 어떤 부작용이 있었던 거야?

신기 공유경제 기업의 문제점을 이야기하기 전에 공유경제 기업을 알고 넘어가야 할 것 같아. 우선 공유경제 붐을 일으켰던 에어비앤비와 우버(Uber)에 대한 이야기부터 할게.

현우 지난여름 여행 중 브뤼셀에서 묵었던 곳이 에어비앤비였는데. 그걸 말하는 거야?

신기 오호, 브뤼셀의 숙소가 에어비앤비였던 사실을 기억하는구나. 브뤼셀에서 잡자 낡은 하루뿐이었어. 주요 일정은《레 미제라블》의 작가인 빅토르 위고가 세계에서 가장 아름다운 광장이라고 했다는 그랑팰리스의 야경을 감상하고, 유럽 3대 썰렁 명소의 하나인 오줌싸개 소년을 만나고, 와플을 먹은 것! 그랑팰리스와 오줌싸개 소년과 가까운 곳에 평판이 좋은 에어비앤비를 예약했던 건 운이 좋았다고밖에 말할 수 없어.

쇼미 우리는 복층 주택 2층에서 묵었잖아. 집도 좋고, 동네 분위기도 좋았지만 아주 대단해 보이지는 않았는데. 그게 유명한 공유경제 기업 건물이라고?

신기 정확하게 말하면, 우리는 에어비앤비를 '통해' 그 집을 빌린 거야. 집주인은 따로 있고.

쇼미 무슨 소리인지 도통 모르겠다.

신기 에어비앤비가 세워진 이야기부터 차근차근 할게. 에어비앤비를 세운 브라이언 체스키(Brian Chesky)와 조 개비아(Joe Gebbia)는 미국 북동부에 위치한 로드아일랜드주 프로비던스라는 도시에서 대학을 같이 다닌 친구야. 2007년 10월, 26세 청년이었던 이들은 보다 큰 도시에서 미래를 준비할 생각을 하고 미국 서부의 도시 샌프란시스코로 갔어. 아직 돈벌이는 하지 못하고 가진 돈은 달랑 1000달러가 남았을 때, 난감한 일이 벌어졌어. 집주인이 월세를 1150달러로 올려 버린 거야. 살 곳을 잃을 처지가 된 두 사람은 잠을 이룰 수 없었어. 너희가 그런 일을 당하면 어떻게 할래?

현우 우선 마음을 느긋하게 가지려고 좋아하는 음식을 만들어 배불리 먹을 거야.

신기 하하하. 현우다운 대답이네. 그렇지. 정신을 차리고 방법을 찾아야지. 궁하면 통한다! 잘 사용하지 않는 거실 공간이 눈에 들어오는 순간, 갑자기 이런 생각이 들었대. '거실에 캠핑용 공기 침대(Air Mattress)를 깔고 토스트를 아침 식사로 제공한다면, 돈을 내고 잠잘 사람이 있을까?'

쇼미 있을 수 있지만, 그런 사람을 찾는 건 쉽지 않을 텐데.

신기 그러니까 궁하면 통한다는 거야. 거리로 나설 처지인데 뭐든 해 봐야지. 그래서 이틀 만에 간단한 웹사이트(Airbedand-breakfast.com)를 만들었어.

현우 웹사이트를 만든다고 끝일까? 사람들이 그런 웹사이트가 있는지 알아야 찾아올 텐데.

신기 긍정 에너지를 가져야지. 안 될 거라고 생각하면 이루어지는 일이 없어요. 마침 체스키와 게비아는 샌프란시스코에서 열리는 국제디자인회의에 참석하려는 사람들이 호텔 예약을 못 해서 아우성이라는 말을 들었어. 두 사람은 전공이 산업디자인이라 디자인 분야에서 일하는 사람을 좀 알고 있었지. 그들을 활용하면 되겠다는 생각이 떠오른 거야. 그래서 지인들에게 자신들이 만든 웹사이트를 알리는 메일을 보냈고, 메일을 받은 사람들이 블로그를 통해 이 사이트를 홍보해 준 거야.

쇼미 결말은 해피엔딩?

신기 응. 하루에 80달러를 내고 거실에서 묵을 세 명의 손님을 받고 체스키와 게비아는 무사히 월세를 낼 수 있었어.

현우 호텔 방을 구하지 못한 사람들은 잠잘 곳을 구했고, 둘은 월세를 낼 수 있었으니 누이 좋고 매부 좋은 일이 됐네.

신기 이 일로 두 사람은 사용하지 않는 공간을 잠시 빌려주고 돈을 벌 수 있다면 솔깃할 사람이 많을 거라는 생각을 했어. 이들은 공유 서비스가 좋은 사업 아이템이 될 거라고 확신했고, 친구인 네이선 블러차직(Nathan Blecharczyk)에게 기술 담당자로 함께 일하자고 제안했어. 2008년 2월 드디어 세 명이

의기투합하여 만든 기업이 탄생했어. 이름은 '공기 침대와 아
침식사(AirBed & Breakfast)'.

쇼미 좀 웃기는 이름이다.

신기 B&B는 Bed and Breakfast를 줄인 말인데, 아침 식사가 나
오는 민박집이나 조촐한 숙소를 일컫는 말이지. 여행 좀 하는
사람들이라면 B&B를 모두 알고 있어. 그래서 취급하는 서비
스가 뭔지 사람들이 금방 알아차릴 수 있도록 Bed and
Breakfast를 활용하되, 공기 침대라는 차별점까지 부각하는
AirBed & Breakfast를 기업 이름으로 정한 거야.

현우 우리가 묵었던 에어비앤비의 침대는 캠핑용이 아니었는데.

쇼미 야, 재미도 없는데 실없는 농담 그만해. 진도 나가는 데 방해
되잖아.

신기 또 티격태격. 그러면서 함께 다니는 건 좋아해. 자, 이야기로
돌아가자. 세 청년은 여유 공간을 가진 사람과 숙소를 구하는

사람을 연결해 주는 온라인 플랫폼을 개발했어. 플랫폼
(platform)은 간단히 말해, 실제 거래를 할 수 있는 온라인 사
이트라고 생각하면 돼. 2008년 8월에 정식으로 플랫폼을 열
고 운영했지. 하지만 처음부터 손님이 몰린 건 아니었어. 그
래도 세 사람은 실망하지 않고 사람들이 많이 찾을 방법을
고민하고 발로 뛰며 실행했지. 집주인을 직접 찾아다니며 서
비스를 계속하라고 격려하고, 집주인들끼리 만나서 호스트
로서의 경험을 나누고 서로 친해지게 하는 모임도 만들었어.
더 나아가 2009년 3월에는 회사 이름을 기억하기 쉽게 에어
비앤비로 바꾸었지.

현우 운이 좋아 쉽게 자리 잡은 줄 알았는데 그게 아니었구나.

신기 세상에 공짜는 없으니까. 에어비앤비가 알려지는 데 큰 몫을
한 건 사용자들의 입소문이었어. 집주인이 여행 정보를 알려
주고, 함께 식사를 하거
나 세심하게 챙겨 주
어 감동한 사용자들
이 많았거든. 가격
대비 숙소에 대한
만족감이 높을
뿐 아니라 끈끈

한 인간관계를 맛보는 매력적인 경험끼지 덤으로 얻자 에어비앤비 숙소에 대한 신뢰가 생긴 거지.

현우 나도 주인이 친절해서 기분 좋았는데. 쇼미야, 화분 옆에 있던 환영 카드 아직 가지고 있어?

쇼미 당근이지. 집주인이 직접 만든 거잖아. 책갈피로 쓰는데 볼 때마다 그때 추억이 새록새록 떠올라. 정말 좋은 기념품이야.

신기 숙소에 대한 평점이 높고 후기가 좋아야 여행자들이 계속 찾을 테니까 집주인은 대부분 손님을 세심하게 배려하지. 이렇게 낯선 숙박 형태에 대한 의구심은 점차 줄고 오히려 긍정적인 평이 늘어나면서 에어비앤비는 성장 가능성을 높이 산 기업에게 투자까지 받게 되었어. 시작한 지 불과 3년도 채 안 된 2011년 2월에는 숙박 예약 백만 번째 기록을 달성할 정도로 널리 알려지고 성장세도 빨라졌지.

현우 에어비앤비 이야기를 듣다 보니 이제야 공유경제의 원리를 확실히 알게 된 듯해. 공급자는 여유 자원을 빌려주어서 자원 사용의 효율성을 높이고, 사용자는 싼 값으로 이용해서 만족도가 높아진다는 거잖아. 그 둘을 중개하는 사람은 수수료를 통해 수익을 창출하고 말이야.

신기 현우 말처럼 에어비앤비는 집주인과 여행객을 서로 윈-윈 (win-win)하는 관계로 만들었지. 집주인들은 사용하지 않는 빈 공간을 이용해서 돈을 벌 수 있고, 여행자들은 가격에 비해 높은 만족감을 주는 숙소를 구할 수 있으니까. 연결의 대

샌프란시스코에 자리 잡은 에어비앤비 본사.
전 세계 220여 개국에 700만 개의 숙소가 에어비앤비에 등록되어
집주인과 여행객들을 하나로 이어 주고 있다.

가로 에어비앤비는 집주인과 여행객으로부터 수수료를 받아. 이처럼 자원 사용의 효율성을 높이는 공유경제의 장점을 잘 살린 덕분에 에어비앤비는 쑥쑥 성장할 수 있었어. 2020년 기준으로 에어비앤비에 등록된 숙소는 700만 개가 넘는다고 해. 숙소가 있는 나라는 220개가 넘는다고 하니 세계 대부분 나라에서 에어비앤비 숙소를 만날 수 있다고 봐야지.

쇼미 언니, 우리 다음 여행을 갈 때는 에어비앤비를 우선으로 숙소를 찾아보자. 오늘은 어떤 특징을 가진 집에서 묵을까, 집이 있는 동네 모습은 어떨까, 미리 상상해 보는 것도 재미있잖아. 그런데 설마 700만 개가 넘는 숙소가 매일 여행객들로 꽉 차는 건 아니겠지? 에어비앤비를 이용하는 여행객은 하루에 어느 정도일까?

신기 잘 모르겠는데 찾아보면 그런 데이터가 있을 거야. 오호, 하루에 평균 50만 명이 묵는데, 200만 명이 묵은 날도 있대. 한 방당 평균 숙박비는 하루에 80달러. 물론 이 가격으로 찾을 수 있는 숙소의 상태는 나라와 도시에 따라 다르겠지만 다음에 예약할 때 참고해야겠다.

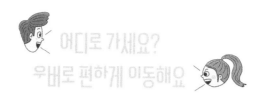
쇼미 에어비앤비는 이제 감을 잡았고, 우버는 어떤 기업이야?

신기 차량 공유 서비스 기업. 보통 사람들이 다른 분야의 대표적인 공유경제 기업을 소개할 때 '부동산계의 우버', '자전거계의 우버'라는 표현을 자연스럽게 쓸 정도니, 우버는 공유경제 기업의 간판스타라고 할 수 있지.

현우 우리 가족이 제주도 여행을 갔을 때 렌터카 회사에서 차를 빌렸거든. 렌터카 회사도 공유경제 기업이야?

신기 아니야. 렌터카 회사는 자기 차를 빌려주는 거고, 차량 공유 는 자기 차를 주차장에 세워 두는 대신 여유시간에 이를 운전하며 다른 사람을 태워 주는 걸 말해.

현우 공유경제가 뭔지 아는 것 같았는데, 또 헷갈리네.

신기 상업경제와 공유경제를 비교하는 표를 만들어 보여 줄게.

	상업경제	공유경제
거래 형태	기업과 소비자 사이의 거래 기업(공급자) – 개인(소비자)	개인과 개인 사이의 거래 개인(공급자) – 개인(사용자)
중개자	주로 공급자인 기업 대부분 공급자와 중개자가 같다	공유경제 기업 공급자와 중개자가 다르다
재화와 서비스 연결	직접, 전화, 웹 또는 앱	웹 또는 앱

현우 이제 알겠다. 호텔이나 렌터카 회사처럼 기업이 소유하는 공간이나 차량을 직접 빌려주는 게 아니고, 사용하지 않는 방이나 차를 가진 사람과 이를 사용할 사람을 연결하여 거래가 이루어지게 하는 게 공유경제라는 거지?

신기 100점! 이제 공유경제 거래를 확실히 이해한 것 같으니 우버 이야기를 시작할게. 에어비앤비의 공동창업자들은 가진 돈과 사업 경험이 없이 창업에 뛰어들었어. 반면 30대에 우버를 설립한 트래비스 캘러닉(Travis Kalanick)과 개럿 캠프(Garrett Camp)는 이미 사업 경험도 있었고 자본도 있었지. 1976년에 태어난 트래비스 캘러닉은 UCLA에서 컴퓨터공학을 전공하면서 친구들과 함께 파일 교환 서비스 사업을 시작했어. 그러다 1998년 사업에 전념하기 위해 대학 공부도 중단했지.

쇼미 빌 게이츠도 하버드대학교를 중퇴하고 마이크로소프트를 창업했다는데, 왜 사람들은 대학, 대학 노래를 부르지?

신기 그 질문에 대한 대답은 내 몫이 아닌 것 같고. 아무튼 캘러닉은 학업을 중단하고 사업에 전념했지만 예상하지 못한 저작권 소송에 휘말려 2000년 9월 파산했어. 하지만 캘러닉은 오뚜기정신을 가졌나 봐. 2001년 다시 레드 스우시(Red Swoosh)라는 파일 공유 서비스 기업을 세웠어. 큰 탈 없이 경영하다가 2007년 이 기업을 1900만 달러를 받고 팔았단다.

현우 1900만 달러면 우리 돈으로 얼마야?

쇼미 《국제거래와 환율 쫌 아는 10대》에서 배운 걸 활용해야지. 오늘의 원/달러 환율이 1200원이라고 할 때 19,000,000(달러) × 1,200(원) = ? 헉, 우리 돈으로 228억 원이야.

신기 회사를 판 뒤 트래비스 캘러닉은 잠시 백수 생활을 즐겼지. 하지만 첨단 기술에 대한 관심은 여전해서 2008년 12월에 프랑스 파리행 비행기를 탔어. 유럽 최대 규모의 첨단 기술 회의인 르웹(LeWeb) 컨퍼런스에 참석하기 위해서였지. 거기서 개릿 캠프를 만난 거야. 개릿 캠프는 웹사이트 추천 서비스 기업인 스텀블어폰(StumbleUpon)을 2001년에 창업했다가 2007년 7500만 달러를 받고 이베이에 판 기업가였어.

현우 대박! 7500만 달러면 우리 돈으로 900억 원이야.

신기 창업했던 기업을 팔고 엄청난 돈을 번 공통점을 지닌 행운아들은 날 새는 줄 모르고 함께 떠드는 걸 좋아했대. 하루는 파리에서 눈 내리는 밤에 택시가 잡히지 않아서 겪었던 일을 불평하다가 문득 택시를 부르는 앱(App) 이야기가 나왔대. 초등학생들도 스마트폰을 사용하는 요즘은 앱이 전혀 신기하지 않지만 2008년에 이런 아이디어는 그야말로 창조적 파괴였어.

현우 창조적 파괴? 창조와 파괴는 좀 안 어울리는데.

신기 기업가정신이란 말, 들어 봤니?

쇼미 언니 얘기를 듣다 보면 모르는 말이 참 많아. 내가 바본가?

신기 기죽이려고 물어본 건 아니야. 기업가정신은 기업가가 갖추어야 할 자세나 정신을 말해. 이에 대한 연구로 유명한 미국의 경제학자 조지프 슘페터(Joseph Schumpeter, 1883~1950)는 기업이 설립 목적인 이윤을 내고 사회적 책임을 제대로 지려면, 이를 경영하는 기업가는 남다른 발상과 눈을 지녀야 한다고 했어. 그리고 새로운 생산 기술과 창조적 파괴를 통해 혁신을 일으켜야 한다고 말했지. 창조적 파괴란 낡은 것을 계속 파괴하고, 즉 버리고 새로운 것을 만들어 내면서 끊임없이 기업 구조를 혁신하는 걸 말해.

쇼미 낡은 것을 버리고 새로운 것을 만들어 내라. 난 익숙하고 편한 게 좋은데.

신기 모든 사람이 기업가정신을 가져야 할 필요는 없어. 무얼 하든 자기가 행복한 삶을 사는 게 최고야. 그렇지만 창조적 파괴 이야기는 마무리 지어야지.

《시장과 가격 쫌 아는 10대》에서 들었던 스마트폰 시장 이야기를 떠올려 봐. 애플은 2007년 1월 9일 최초의 스마트폰인 아이폰을 처음 선보였고, 2008년 7월 "두 배 더 빠른, 절반의 가격"이라는 슬로건을 내걸고 앱 스토어가 실린 아이폰 3G

를 선보였어. 피처폰 대신 스마트폰을 선택하는 사람들이 늘어난 시기는 2009년 6월 아이폰 3GS가 선을 보인 이후였고. 그러니 2008년 겨울에 모바일 앱을 이용한 서비스 아이디어를 내는 건 아무나 할 수 있는 일이 아니지.

현우 2008년 겨울의 상황을 돌이켜 보니까 정말 혁신적이다.

신기 창조적 파괴의 유전자를 가진 두 사람은 샌프란시스코로 돌아온 뒤 의기투합해서 2009년 우버캡(UberCab)이라는 기업을 설립했어. 요금을 받고 손님이 원하는 곳까지 태워다 주는 영업용 승용차를 우리는 택시라고 하는데, 미국에서는 캡이라고 해.

쇼미 차량 공유 서비스의 차량은 영업용이 아니고 운전도 택시기사가 하는 게 아니라고 했잖아.

신기 우버가 2010년 베타서비스(프로그램이나 게임 등을 유료 서비스로 시작하기 전에 완성도를 높이기 위해 무료로 이용하게 하는 서비스)를 거쳐 2011년 샌프란시스코에서 공식적으로 시작한 서비스는 차량 공유 서비스가 아니야. 전화 대신 모바일 앱을 통한 콜택시 서비스였지. 고객의 요청을 받으면 우버는 택시요금의 1.5배를 받는 고급 블랙택시를 보내 주었어.

현우 카카오택시 서비스 같은 거네.

신기 한국에 카카오택시가 등장한 시기는 2015년이야. 우버캡을

본떠서 다른 나라에서도 비슷한 기능을 가진 모바일 앱들이 만들어졌어. 그런데 콜택시 서비스에서 그쳤다면 오늘날 우버는 공유경제를 대표하는 기업이 되지 못했을 거야. 우버캡이 인기를 끌자 이 서비스가 자기들 영업에 피해를 준다는 택시기사들의 항의가 거세졌어. 위기는 기회라는 말이 있지? 택시기사들의 항의로 위기를 맞은 우버캡은 새로운 돌파구를 찾았어. 그게 바로 승객과 운전기사를 앱으로 연결하는 차량 공유 서비스야. 회사 이름도 캡을 버리고 우버로 바꾸었고. 우버는 차량도 운전기사도 없지만 택시 서비스를 제공해. 여유시간에 자기 차를 운전하며 돈을 벌려는 사람과, 앱 하나로 차량과 운전자 검색부터 요금 결제까지 해결하려는 승객을 연결해 주면서 말이야. 사용자 입장에서는 예약제라 승차 거부도 없고 '터치 후 5분 안에 도착'이라는 원칙 덕분에 차를 오래 기다릴 필요도 없지. 우버의 편리함이 알려지면서 이용자도 빠르게 늘어났어. 우버는 2020년 현재 69개 나라, 900개 도시에 진출해 있고, 전 세계 직원이 2만 3000명이 넘는 세계 최대의 공유경제 기업으로 성장했어.

쇼미 한국에도 우버가 진출해 있어?

신기 응. 그런데 한국에 진출한 우버의 서비스는 차량 공유가 아니라 콜택시야. 공유경제 기업들이 성장하면서 기존 산업 종사

시대를 앞서간 혁신적인 아이디어로 우버는
공유경제라는 새로운 경제 패러다임을 만드는 데 큰 역할을 하였다.

자들의 반발이 생겨났다고 했잖아. 가장 반발이 심한 게 차량
공유 분야지. 두 충돌이 특히 거센 한국에서는 아직 우버 방
식의 차량 공유 서비스는 이루어지지 않고 있어. 왜 그런지는
나중에 알려 줄게.

공유경제가 자원을 낭비하지 않고 사람들의 효용을 높여 주
는 바람직한 모델이지만 공유경제 기업들이 성장하면서 만
들어 낸 문제점도 많아. 하지만 문제점만 부각해서 공유경제
를 버리는 건 잘못이라고 봐. 만약 공유경제가 만들어 내는
가치가 파괴하는 가치보다 훨씬 크다면, 공유경제를 버리기

보다 이로 인한 문제점을 해결하는 방향으로 나가야겠지?

현우 글쎄. 아직 공유경제를 잘 알지 못해서 모르겠는걸.

신기 내가 좀 성질이 급했구나. 아, 우버와 다른 형태의 차량 공유 서비스 기업인 '블라블라카(BlaBlaCar)' 이야기를 해 줄게. 그럼 제공하는 서비스 방식에 따라 파괴하는 가치와 기존 산업과의 충돌 수준이 다른 걸 느끼게 될 거야.

신기 '블라블라카'를 프랑스의 우버라고 하는 사람도 있어. 난 제대로 된 표현이 아니라고 봐. 두 기업이 제공하는 서비스의 형태와 이로 인해 만들어지는 가치는 서로 다르거든.

쇼미 블라블라카? 이름이 재미있네.

신기 이름 이야기는 좀 있다 하고, 블라블라카가 제공하는 서비스부터 알려 줄게. 유럽 사람들은 공유경제라는 말이 떠오르기 전부터 공유에 관심이 많았어. 사용하지 않는 자원을 공유하면 지구 환경 보호에 도움이 된다고 생각했거든. 그래서 1990년대 말부터 유럽에서는 차량 공유 서비스를 위한 비영리 조직들이 생겨났어.

현우 비영리 조직이 뭐야?

쇼미 내가 찾아볼게. 비영리. 재산상의 이익을 꾀하지 않음. 여전히 무슨 말인지 모르겠는걸.

신기 쉽게 말하면, 비영리는 돈을 벌기 위한 목적이 아니라는 의미야. 처음 유럽에서 생겨난 차량 공유 서비스 조직들은 자원 활용의 효율성을 높여서 환경을 보호한다는 목적으로 차를 살 형편이 안 되는 계층이나 대학생들을 카풀로 연결해 주는 일을 했어.

현우 카풀은 또 뭐야?

신기 혹시 '승용차 함께 타기 운동'을 들은 적이 있니? 카풀은 같은 방향으로 가는 사람들이 승용차를 함께 타고 가는 거야. 카풀을 하면 운행하는 승용차 수를 줄일 수 있으니까 에너지가 절약되지.

2004년 대학생이던 뱅상 카론(Vincent Caron)은 '코보아튀라주(covoiturage.fr)'라는 도메인을 등록하고 카풀 서비스를 시작했어. '코보아튀라주(covoiturage)'는 프랑스 말로, 자동차를 뜻하는 보아튀르(voiture) 앞에 공유를 뜻하는 co를 붙이고 뒤에 명사형 어미 age를 붙여서 만든 말이야. 코보아튀라주 카풀 서비스 회사를 프레더릭 마젤라(Frederic Massella)가

사들여서 유럽 최대의 카풀 시비스 기업인 '블라블라카'로
성장시킨 거야.

프레더릭 마젤라가 카풀 서비스에 관심을 갖게 된 시기는
2003년 겨울이었어. 미국에서 컴퓨터공학을 공부한 뒤 유럽
으로 돌아와 경영대학원을 다니고 있을 때였지. 그는 크리스
마스 휴일을 파리에서 500킬로미터 떨어진 고향 집에서 부
모님과 함께 보내려고 했어. 그런데 열차표가 모두 팔려서
구할 수 없는 거야. 자동차가 없던 그는 할 수 없이 멀리 사는
여동생에게 픽업을 부탁했어. 그런데 가는 도중에 보니까 도
로에는 좌석이 빈 채로 달리는 차들이 많은 거야. 마젤라는
생각했어. '분명히 파리를 떠나 나와 같은 목적지로 달리는
차도 있을 거고, 내가 그 차를 돈을 내고 탄다면 서로 좋을 텐
데. 이런 일을 쉽게 할 방법이 없을까?'

쇼미 이미 카풀 서비스를 제공하는 곳들이 있었다고 했잖아.

신기 카풀 서비스가 소규모로 이루어지고 있어서 멀리 떨어진 도
시로 함께 갈 사람을 찾는 데 별 도움이 되지 않았던 거야. 마
젤라는 3년간 꼼꼼하게 카풀 서비스를 분석했어. 그리고
2006년 두 명의 공동창업자와 함께 코보아튀라주를 사들여
카풀 서비스를 시작했고, 80여 개에 달했던 프랑스 카풀 서
비스 조직을 하나하나 통합해서 2년 만에 프랑스 최대의 카

풀사이트를 만들었지.

서비스는 운전자가 웹사이트에 자신의 여행 경로와 차량 종류 등 정보를 올리는 것으로 시작해. 서비스 이용자들은 출발지와 도착지, 시간을 입력하여 여행 경로가 같은 운전자를 찾아서 함께 가기를 신청해. 기름값과 고속도로 통행료와 같은 비용은 서로 나누어 내니까 운전자도 함께 타는 사람도 혼자 이동할 때보다 적은 비용으로 이동할 수 있었지. 프랑스 카풀 시장을 평정한 프레디릭 마젤라는 2009년 스페인으로 진출했고, 스마트폰으로도 서비스를 이용할 수 있는 앱도 만들었어.

이제 쇼미가 재미있게 느낀 '블라블라카'라는 이름이 어떻게 만들어졌는지 알려 줘야지. 나처럼 프랑스어를 모르는 사람은 '코보아튀라주'라는 이름을 기억하는 게 쉽지 않아. 나와 같은 사람들이 많았는지 마젤라는 2011년 영국으로 진출하면서 회사 이름을 프랑스어를 모르는 사람들도 기억하기 쉽게 바꾸어야겠다고 판단했단다. 그래서 후보군에 오른 30개의 이름을 가까운 사람들에게 보내고 2~3주 후에 어떤 이름이 기억나는지 물어보았대. 가장 많이 꼽힌 것이 바로 블라블라카였어. 그래서 영국에서의 서비스를 '블라블라카(blablacar.com)'로 시작했고, 회사 이름도 그렇게 바꾸게 된 거야.

현우 영어로 수다 떠는 게 '블라블라블라'지? 회사 이름이 '함께 차를 타고 수다를 나눌 사람을 찾아요'라는 뜻이네.

쇼미 유럽 사람들은 낯선 사람이 운전하는 차를 타고 가는 게 어색하거나 불안하지 않나? 난 돈이 더 들어도 열차나 장거리 버스를 이용할 것 같은데.

신기 현우가 짐작한 대로 '블라블라'는 수다야. 취향이 다른 사람과 함께 차를 타고 장거리를 가는 게 쉬운 일은 아니지. 그래서 운전자는 대화 주제, 음악 취향, 흡연 및 반려동물 동반 여부 등 본인의 취향을 미리 알려 주게 되어 있어. 또 여성 운전자가 여성만 태우고 싶다는 조건을 밝힐 수도 있고. 또 블라블라카 서비스의 공급자와 수요자는 상대방에 대한 평가를 하게 되어 있어. 이런 평가는 무례하거나 신뢰할 수 없는 사람을 걸러 내는 데 도움을 주지. 그래도 낯선 사람과의 장거리 여행을 선뜻 받아들이는 건 쉽지 않았던 게 분명해. 2010년까지 회원 수는 30만 명에 불과했으니까 말이야.

그런데 2010년 아이슬란드 화산 폭발 사건이 블라블라카의 구세주가 되었어. 화산재로 인해 유럽 전역에서 엿새간 항공기 운항이 중단되어 장거리 여행자들은 비행기를 대체할 수단을 찾아야 했거든. 에어비앤비도 초기에 이용한 사람들의 입소문 덕분에 성장하게 되었다고 했지. 블라블라카도 마찬가지였어. 이를 이용해 본 사람들이 좋은 반응을 보이자 회원 수가 폭발적으로 늘어 2011년에는 100만 명, 2014년에는 1000만 명을 돌파했단다. 블라블라카 서비스는 22개 나라에서 이루어지고 있는데, 2020년 기준 회원 수는 9000만 명이야.

2

여기저기서 들리는
공유경제의 외침

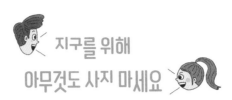

지구를 위해
아무것도 사지 마세요

현우 컴퓨터나 스마트폰 같은 첨단기기를 발명하는 일은 아무나 할 수 없는 획기적인 일이야. 하지만 다른 사람의 집에서 잠을 자고, 다른 사람과 함께 차를 타는 건 잘 아는 사람들 사이에서는 계속된 익숙한 일이지. 공유경제 기업들은 단지 이런 일들이 낯선 사람들 사이에서도 이루어질 수 있다고 믿고 모험을 한 건데 대박을 터뜨린 거야. 운이 좋았던 거지?

쇼미 현우야. 방금 전에 들은 창조적 파괴를 벌써 잊어버린 거야? 운이 좋은 게 아니라 창조적 파괴라고! 내가 경제에 관심을 가지면서 깨달은 게 있어. 변화는 어느 날 갑자기 생기지 않는다! 2000년대 후반 들어 공유경제에 대한 관심이 높아진 것도 다 이유가 있을 거야. 언니, 내 생각이 맞지?

신기 경제활동은 크게 생산, 소비, 분배 활동으로 나눌 수 있어. 공유경제는 구매하는 대신 빌려 사용하자는 거야. 어떤 활동에서 변화가 일어난 걸까?

쇼미 소비.

신기 그래. 공유경제가 관심을 끌게 된 배경의 하나는 소비에 대한 의식이 바뀌었기 때문이야. 매년 11월 넷째 금요일이 블랙 프라이데이(Black Friday)인 것 아니?

현우 블랙 프라이데이? 들어 보긴 했는데, 무슨 날이야?

신기 추수감사절은 알지?

쇼미 알아. 우리 추석과 같은 미국의 최대 명절 중의 하나잖아.

신기 그래. 추수감사절은 매년 11월 넷째 목요일이야. 그리고 다음 날인 넷째 금요일은 미국 사람들이 소비를 가장 많이 하는 날인 블랙 프라이데이시.

현우 왜 그날 소비를 가장 많이 하는데?

신기 미국 사람들이 처음부터 블랙 프라이데이에 소비를 가장 많이 했던 건 아니야. 미국에서 추수감사절이 국경일로 처음 정해진 건 1789년이야. 이후 날짜가 변경되거나 때로 폐지된 적도 있다가 1942년부터 11월 넷째 목요일이 추수감사절 휴일로 굳어졌어. 그때는 추수감사절에 쓸 물건들을 장만하느라 추수감사절 이전에 가장 많은 소비가 이루어졌어. 그런데 백화점을 비롯한 소매상들이 추수감사절이 지나자 미처 팔지 못한 상품을 할인해서 판매하는 세일을 시작했어. 팔지 못한 상품들을 창고에 쌓아 두기보다는 싸게라도 팔아 버리는 것이 이득이었거든.

재고 정리를 위한 판매 경쟁이 심해지면서 할인율이 점점 높아지사 추수감사절 다음 날의 쇼핑은 연례행사로 자리 잡게 되었고, 블랙 프라이데이는 가장 소비를 많이 하는 날이 된 거야. 세월이 흐르면서 싸고 좋은 상품을 사기 위해 다른 사람보다 일찍 쇼핑을 시작하려는 사람들이 새벽부터 줄을 서자 아예 새벽부터 문을 여는 상점들이 생겼어. 급기야는 목요일 밤부터 금요일 밤까지 24시간 영업하는 곳도 나타났단다.

그런데 이날은 '아무것도 사지 않는 날(Buy Nothing Day)'이기도 해.

쇼미 가장 소비를 많이 하는 날인데 아무것도 사지 않는 날이라, 완전 반대인데.

신기 소비 방식을 바꾸자는 운동을 하는 사람들이 그들이 추구하는 메시지를 전하려고 소비를 가장 많이 하는 날을 택해 정반대 성격의 날로 만든 거야. 아직은 넷째 금요일이 블랙 프

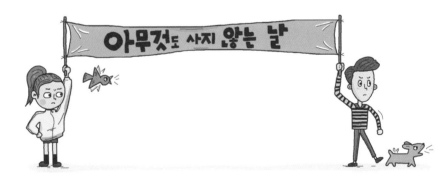

11
SUN MON TUE WED THU FRI SAT
1 2 3 4 5 6 7
8 9 10 11 12 13 14
15 16 17 18 19 20 21
22 23 24 25 26 27 28
29 30
BLACK FRIDAY

라이네이라는 건 알아도 아무것도 사지 않는 날이라는 건 모르는 사람들이 훨씬 많아. 하지만 사지 않고 빌리는 공유경제 활동이 늘어난다는 건 소비에 대한 의식이 변하고 있음을 말해 주지.

쇼미 소비가 줄면 경제가 어려워진다는 소리를 들었는데.

신기 소비가 줄면 경제활동이 침체된다는 건 이론적으로 틀린 말은 아니야. 요즘도 소비를 부추기는 분위기가 지배적인 건 소비가 경제를 살리는 윤활유라는 경제이론이 힘을 발하기 때문이지.

현우 그런 이론을 처음 말한 사람은 누구야?

신기 영국의 경제학자 존 메이너드 케인스(John Maynard Keynes, 1883~1946). 20세기의 가장 위대한 경제학자로 평가되는 학자이지.

쇼미 왜 그런 이론이 나오게 됐어?

신기 《시장과 가격 쫌 아는 10대》에서 자동차 공급과 수요 곡선이 오른쪽으로 이동하는 현상이 거듭되며 자동차의 대량생산과 대량소비 시대가 열렸다고 했지? 1차 세계대전 이후의 사회는 자동차뿐만 아니라 일상생활을 편리하게 해 주는 많은 발명품이 상업화에 성공했던 시기였어. 바야흐로 대량생산과 대량소비의 시대가 된 거지. 이때부터 세계 경제의 주도권은 유럽에서 미국으로 넘어갔어. 유럽 국가들이 전쟁을 치르며 잿더미가 되는 동안 미국은 전쟁 물자를 팔아 돈을 벌어들였거든. 미국 사람들은 라디오와 자동차를 사들이며 부자가 된 기쁨을 누렸지. 기업은 소비가 계속 늘어날 것으로 보고 생산을 늘렸어. 돈이 넘쳐 나자 쉽게 돈을 벌고 싶은 사람들은 주식투자에 열을 올렸지.

그러나 호경기는 영원히 지속되지 않았고, 미국 사람들은 역사상 최악의 경제 공황이라는 위기를 겪게 되었어. 1929년 10월 24일 미국 주식시장의 주가가 폭락했어. 주식투자를 했던 사람들은 순식간에 빈털터리가 되었고, 수많은 기업이 문을 닫았지. 1930년 400만 명 정도였던 미국의 실업자 수는 2년 후에는 1300만 명으로 늘어났고, 1932년 미국의 생산량은 1929년 생산량의 절반 이하로 떨어졌단다. 거리에는 일자리를 잃고 헤매는 사람들로 넘쳐 났고, 배고픈 사람들이 식료품 무료배급소 앞에 줄지어 서 있는 모습은 어느 도시에서나 흔히 볼 수 있는 광경이었어. 미국의 경제 혼란은 즉시 다른 나라에도 영향을 끼쳐서 독일과 영국을 비롯한 여러 나라에서 수백만 명이 일자리를 잃었어.

쇼미 나도 1929년 경제 대공황 이야기는 알고 있어.

신기 이런 불황을 극복하는 해결책을 제안하여 유명해진 경제학자가 바로 케인스야. 그는 불황의 원인이, 소득이 감소되어 소비가 줄어든 때문이라고 주장했어. 사람들이 소비를 줄여서 물건이 팔리지 않으니까 기업은 생산을 줄이게 되었고, 기업이 생산을 줄이니 일자리가 줄어들었다고 했지. 경제를 살리려면 소비를 살려야 하고, 소비를 살리려면 쓸 돈이 늘어나야 하므로 정부가 먼저 돈을 쓰거나 세금을 줄여서 사람들이 쓸 수 있는 돈의 양을 늘려야 한다고 역설했어. 케인스는 미국의 제 32대 대통령 루스벨트에게 불황 극복을 위해 정부가 먼저 사업을 많이 벌이라는 편지를 보냈는데, 돈 항아리를 땅속에 묻어 놓고, 사람들이 땅을 파고 이를 꺼내서 소비를 해도 경제 살리기 효과가 있을 거라는 농담을 할 정도로 소비를 강조했대. 루스벨트 대통령은 케인스의 처방을 따라 정부가 앞장서서 사업을 벌이는 뉴딜 정책을 폈고, 미국은 서서히 경제가 살아났어. 그래서 소비가 활발해지면 나라의 경제활동이 활발해진다는 케인스의 경제이론이 설득력을 얻게 된 거야.

이후 선진국들은 더 풍요로운 생활을 위해, 개발도상국들은 가난에서 벗어나기 위해, 경제성장을 중시하는 경제 정책을 펼쳤어. 모든 나라가 경제를 살리는 윤활유라면서 소비를 부추기는 정책들을 쏟아냈고, 전 세계 사람들은 소비에 열광했지.

현우 소비가 경제를 살리는데 왜 소비를 줄이자는 사람들이 나타난 거야?

신기 지나친 생산과 소비로 인해 지구 환경에 문제가 생겼거든. 20세기 후반으로 접어들면서 실제로 지구 환경 오염이 심각해지고 기후 변화, 오존층 파괴, 멸종 생물 발생 등 지구 생태계 전체에 심각한 위험 신호가 나타난 거야. 지구 환경의 파괴뿐만 아니라 지나친 소비로 인해 미래 세대가 사용할 자원이 부족해신나는 사 실도 부인할 수 없었지. 1987년 유엔(UN)의 환경과 개발에 관한 세계위원회가 '지속가능한 발전'이라는 개념을 알리기 시작했는데, 이를 실천하는 일이 급해진 거야. 그래서 지구를 살리려면 성장을 중요시하는 경제활동을 멈추고 지금과 같은 소비생활을 바꾸어야 한다는 외침이 일기 시작했어. 소비를 줄여 경제활동이 침체되더라도 지구를 살리는 게 먼저라는 움직임이었지.

지속가능한 발전이란 현 세대의 개발 욕구를 충족하면서도, 미래 세대의 개발 능력을 해치지 않는 환경친화적인 개발을 뜻해. 미래에도 지속적인 성장이 가능한 환경을 후손들에게 물려줄 수 있는 범위 내에서 개발을 이루자는 거야.

쇼미 지구 환경을 위해서 소비를 줄이는 것이 최선의 방법이라면 그래야 할 것 같아. 그래서 유엔 같은 국제기구에서 '아무것도 사지 않는 날'을 정한 거야?

신기 국제기구 같은 곳에서만 세상을 바꾸는 일을 할 수 있는 건 아니야. 보통 사람들도 이런 일을 할 수 있단다. '아무것도 사지 않는 날' 운동은 1992년 9월 캐나다에서 시작되었어. 광고 일을 했던 테드 데이브(Ted Dave)는 지나친 소비가 환경 오염과 환경 파괴의 주범이라는 사실을 알게 되면서 심한 갈등을 느꼈대. 자신이 만든 광고가 소비를 부추겨 사람들이 꼭 필요하지도 않은 물건을 계속 사들인다는 생각이 들었거든. 그는 결심했지. 이제부터 더 많이 사라고 끊임없이 부추기는 광고를 만드는 대신 '아무것도 사지 않는 날' 운동을 벌일 거라고. 캐나다에서 시작한 이 운동이 세계에서 가장 소비를 많이 하는 미국에 알려지자 뜻을 함께하는 사람들이 나타났어. 이들은 1997년부터 가장 소비가 많은 날인 블랙 프라이데이를 '아무것도 사지 않는 날'로 정했어. 그리고 하루 동안 아무것도 사지 않고, 소비를 줄여 지구의 환경을 살리자는 활동을 벌였지. 이런 움직임이 확산되면서 자신의 소비생활에 대해 반성하는 사람들이 늘어났지.

현우 소비를 줄이자는 건 새로운 생산을 위한 자원 사용을 줄이기 위해서잖아. 빌려서 사용하게 되면 새것을 만들지 않아도 되는 거고. 지구의 환경을 살리기 위해 소비를 줄이자는 사람들이 사지 않고 빌려서 사용하는 공유경제에 관심이 갈 수밖에 없었겠네.

신기 그렇지. 공유경제를 통해 소비를 줄일 수 있다는 말에 귀가 번쩍 뜨였을 거야. 빌려서 사용할 수 있으면 1년에 한두 번 쓸까 말까 하는 물건들을 집 안에 쌓아 두지 않아도 되니 좋고.

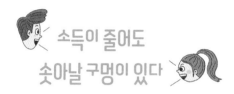

소득이 줄어도
솟아날 구멍이 있다

쇼미 정말 지구 환경을 지키기 위한 소비 태도의 변화만으로 공유경제가 관심을 끌게 되었을까? 아직도 환경 보전보다 나의 만족이 먼저라고 생각하는 사람이 많은데.

신기 물론 더 현실적인 배경이 있어. 쇼미야, 네가 꼭 가지고 싶은 물건이 뭐야?

쇼미 뱅앤올룹슨 이어폰! 부모님께 생일 선물로 사 달라고 했다가 야단만 맞았지 뭐야. 무슨 이어폰이 그렇게 비싸냐고. 그래서 용돈을 모아서 사려고 열심히 저축하는 중이야.

신기 현우는?

현우 자동차. 운전할 수 있는 나이가 되면 바로 운전을 하고 싶은 데, 가격을 알고 보니 용돈을 모아서 살 수준이 아니더라고. 아무래도 돈을 벌어야 살 수 있을 것 같아.

신기 둘 다 가지고 싶은 건 있는데, 그걸 살 돈이 없어서 못 사는 거지? 너희만 아니라 다른 사람들도 사고 싶은 게 있어도 돈이 없으면 살 수 없어. 공유경제가 관심을 끌게 된 2000년대 후반은 세계 경제 침체로 사람들의 주머니 사정이 별로 좋지 않던 시기였어.

현우 《국제거래와 환율 쫌 아는 10대》에서 말했던 2008년 금융위기? 선진국들도 자본시장 개방으로 급속하게 바뀐 금융 환경에 제대로 대처하지 못해서 큰 어려움을 겪었다고 했지?

신기 그때는 벌어졌던 일만 간단하게 말했는데, 오늘은 금융위기가 일어난 과정을 좀 자세히 알려 줄게. 많은 사람이 금융기관에서 돈을 빌려서 집을 사. 대출 원금과 이자는 30년 정도의 긴 기간에 걸쳐 갚아도 되니까 미국에서는 집값의 80퍼센트 정도를 빌리는 사람들도 있어.

쇼미 그렇다면 집을 산 사람이 집주인이라고 할 수 없네.

신기 사실을 정확하게 파악했구나. 2000년대에 들어서서 미국에서는 돈을 빌려 집을 사는 사람들이 엄청 늘어났어. 미국의 경제성장을 이끌었던 정보통신 기술산업이 침체되고, 2001년에 발생한 9.11 테러 사건으로 경제활동이 얼어붙자 미국 정부는 경제 살리기 정책을 폈거든.

현우 경제 살리기와 돈을 빌려 집을 사는 게 무슨 상관인데?

신기 보통 경제를 살리려면 정부는 금리를 내려. 이자 부담을 줄여서 기업들이 돈을 빌려 생산시설을 늘리고, 사람들은 집이나 자동차 등을 새로 장만해서 경제활동이 활발해지기를 기대하는 거지. 정부의 기대대로 금리가 내려가니까 금융기관에서 대출을 받아 집을 사는 사람들이 늘어난 거야. 집을 사려는 수요가 늘어나면 집값은 올라가. 집값이 계속 오를 때는 집값이 오르면 되팔아 돈을 벌기 위해 집을 사는 사람도 생겨나지.

쇼미 부동산 투기를 말하는 거야?

신기 대단해. 전에 말한 걸 기억하는구나. 2006년과 1996년 미국의 주택 가격을 비교하면 10년 동안 집값은 무려 190퍼센트나 올랐어. 오름세가 지나쳐 집값에 거품이 생긴 거지.

현우 다음은 거품은 반드시 꺼지기 마련.

신기 경제를 가르친 보람이 있네. 그래. 2006년 6월부터 거품이 꺼지며 주택 가격이 뚝뚝 떨어졌어. 집을 팔아도 대출금을 갚을 수 없게 되자 아예 집을 포기하는 사람들이 생겨났지. 이로 인해 주택 담보 대출을 해 주고 이자를 받으며 좋아했던 금융기관들은 손실을 이기지 못하고 하나둘씩 무너졌어.

현우 집을 잃고 졸지에 빈털터리. 생각하기도 싫다.

신기 그러니까 돈을 빌릴 때는 위험이 생겼을 때 감당할 수 있는 정도인지 반드시 따져 봐야 해. 위험에 대한 공부는 나중에 기회가 되면 하고, 2008년 이야기로 돌아가자. 작은 금융기관들의 파산으로 미국의 금융시장은 하루하루 힘겹게 견뎠어. 그런데 미국 4위의 투자은행인 리먼 브라더스가 꽝 하고 무너진 거야. 결국 미국 금융시장 전체가 아수라장이 되었고. 미국 금융기관들은 사태를 수습하려고 다른 나라에 투자했던 자본을 거두어들였고, 미국 자본이 빠져나가며 위기는 세계로 번졌지.

쇼미 그리고 경제 회복이 제대로 이루어지지 않고 낮은 성장과 높은 실업은 세계적인 추세가 되었다고 했어.

신기 내가 할 말을 쇼미가 했네. 2008년 금융위기가 발생했을 때 일부 경제전문가들은 경기가 바닥을 찍고 다시 상승하는 U자형 경제 회복을 보일 거라고 했지만, 경기가 하락한 후 침체가 지속되는 L자형 불황이 계속된다는 예측이 지배적이었어. 실제로 L자형 불황이 계속되었고. 낮은 성장률과 높은 실업률이 추세가 되었다면 사람들의 소득은 어떻게 변할까?

현우 실업률이 높아져 일자리를 잃은 사람들이 많아지면 소득은 줄어들 거야.

신기 배운 것을 잘 기억하고, 차근차근 상황을 분석할 줄도 알고. 이제 둘 다 경제박사네. 현우가 말한 대로 낮은 성장률과 높은 실업률이 계속되며 사람들의 소득은 줄어들었어. 2000년대 후반 악화된 경제 환경으로 인해 X세대는 부모 세대보다 소득수준이 낮은 첫 세대가 되었지.

쇼미 누가 X세대인데?

신기 일반적으로 태어난 해를 기준으로 전통 세대(1945년 이전), 베이비붐 세대(1945~1964), X세대(1965~1979), Y세대(1980~1995), Z세대(1995년 이후)로 구분하니까 1965년부터 1979년 사이에 태어난 사람들이 X세대야. 한국에서는 베이비붐 세대를 한국전쟁 이후인 1955~1963년에 태어난 사람을 가리키는 데 비해, 미국과 유럽에서는 2차 세계대전 이후인 1945~1964년생으로 보는 점이 다르지.

신기 2008년 기준으로 X세대의 나이는 29세에서 43세로 한창 돈을 많이 써야 할 시기의 사람들이야. 이들 세대의 소득수준이 부모 세대보다 낮아졌다면 사고 싶은 건 많은데 돈이 부족한 사람들이 늘어났을 거야. 그런데 돈이 부족해 필요한 걸 살 수 없게 되었는데, 소유할 때와 같은 효용을 누릴 다른 방식을 알게 되었다면 어떤 반응을 보일까?

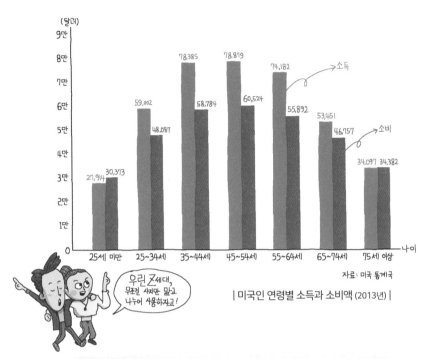

(달러)

9만
8만
7만
6만
5만
4만
3만
2만
1만
0

25세 미만: 27,914 / 30,373
25~34세: 59,002 / 48,087
35~44세: 78,385 / 58,784
45~54세: 78,879 / 60,524
55~64세: 74,182 / 55,892
65~74세: 53,451 / 46,757
75세 이상: 34,097 / 34,382

→ 소득
→ 소비

나이

자료: 미국 통계국

우린 Z세대,
무조건 사지만 말고
나누어 사용하자고!

| 미국인 연령별 소득과 소비액 (2013년) |

미국 사람들의 연령별 소비 수준을 나타낸 그래프를 보면, 20대부터 50대 초반까지 소비가 계속 늘어나.

현우 그쯤 설명했으면 됐어. 소득이 줄어 소비할 돈이 부족한 사람들에게 공유경제는 좋은 돌파구로 여겨졌다는 거지?

소유 **대신**
경험과 접속

신기 공유경제가 관심을 받기 전에 이미 이런 변화가 일어날 걸
예측한 미래학자가 있어. 제러미 리프킨(Jeremy Rifkin)은
2000년에 펴낸《소유의 종말》에서, 무엇을 가졌는가를 통해
서 내가 누구인지를 나타내고자 했던 소유의 시대는 저물어
가고, 접속(access)의 시대가 오고 있다고 했단다. 난 미래에
일어날 변화를 알고 싶을 때 제러미 리프킨의 책들을 읽곤
해. 그는 과학과 기술의 발전이 경제, 사회, 환경에 미치는 영
향을 연구하여 미래 사회의 새로운 패러다임을 제안해 온 미
래학자이며 사회사상가야. 한국에서 번역 출간된 저서로는
《노동의 종말》,《소유의 종말》,《육식의 종말》,《한계비용 제
로 사회》외에 다수가 있어.

쇼미 엥, 책 제목들이 좀 으스스하다. 종말이 붙은 게 많아.

신기 그래서 농담으로 그를 종말론자라고 하는 사람도 있지만, 천
만의 말씀이야! 제러미 리프킨은 종말이 아니라 언제나 새로
운 시작을 말하거든. 현실을 냉철하게 비판하지만 항상 미래
에 대한 희망을 버리지 않아. 사실 스무 권이 넘는 저서 중에

'The End'라는 말이 들어 있는 책은《노동의 종말(The End of Work)》뿐이야. 베스트셀러였던《노동의 종말》을 의식하고 《The Age of Access》번역판에《소유의 종말》,《Beyond Beef》번역판에《육식의 종말》이라는 제목을 붙였던 거지.

현우 소유는 알겠는데, 접속은 뭐야? 인터넷 접속을 말하는 건 아닐 거고.

신기 인터넷 접속이 컴퓨터나 모바일 장치를 이용하여 인터넷이라는 통신망에 연결하는 걸 말하듯이, 접속이란 무엇인가를 사용하기 위해 접근하는 거야. 책《소유의 종말》에서는 접속의 시대가 오면 기업과 소비자가 시장에서 판매자와 구매자로서 재화와 서비스를 교환하는 경제활동은 줄어들고, 대신 공급자가 상품을 빌려주며 사용료를 받거나 돈을 내면 단기간 사용할 수 있는 권리를 주는 거래가 늘어날 거라고 했어. 공유경제라는 표현은 쓰지 않았지만 소유에 대한 욕구가 점차 줄어들 거라고 예측했지.

쇼미 왜 그렇게 될 거래?

신기 기술 변화의 속도가 빨라지며 성능이나 디자인 등이 월등하게 좋아진 새 상품이 만들어지는 속도도 빨라졌어. 사람들이 무언가를 사자마자 더 좋고 더 저렴한 새 상품이 나와서 낭패감을 느끼는 일을 겪으면 소유보다 빌려서 사용하기 위한 접속을 선택할 거라고 본 거야. 값싼 내구재는 여전히 구매하여 사용하겠지만 가전제품이나 자동차, 집처럼 큰돈을 들여 마련해야 하는 것들에 대한 소유는 줄어든다는 거지. 이런 상품들은 공급자에 의해 단기 대여, 임대, 회원제 같은 다양한 형태의 서비스 계약을 맺고 사용자에게 제공될 거라고 봤어. 실제로 1980년대 초부터 2000년대 초까지 출생하여 어릴 때부터 인터넷을 사용해 모바일과 소셜네트워크서비스(SNS) 등 정보기술(IT)에 능숙한 밀레니얼 세대가 경제활동의 주요 계층으로 자리 잡으며, 소유의 시대는 저물기 시작했어. 남보다 더 많이 갖고, 남보다 더 많이 쓰는 것으로 행복을 느꼈던 사람들이 더 큰 효용을 누리기 위해 소유의 태도를 버리면서 필요한 물건을 빌려 쓰고, 함께 쓰고, 나누어 주는 일들이 활발하게 되었거든. 미국의 자동차 정보 사이트인 에드먼즈닷컴(edmunds.com)에 따르면 새 차를 산 사람을 연령별로 구분할 때, 18~34세의 비율이 2007년 16퍼센트에서 2013년 12퍼센트로 낮아졌다고 해.

또한 이들 세대는 명품이 아니라 개성을 드러낼 수 있는 자기만의 브랜드를 좋아하는 성향을 지녔어. 그래서 대량생산과 대량소비 환경이 소비자의 다양한 욕구를 충족할 수 있는 다품종 소량 생산 환경으로 옮겨 가고 있지. 이런 성향을 가진 사람들은 소유보다 사용을 동한 경험 자체를 중요하게 여겨. 그래서 하나를 사서 지겹도록 사용하는 것보다 여러 개를 빌려서 사용하며 독특하고 다양한 경험이 가능한 쪽을 선호해. 이런 사람들이 많아지니 당연히 공유경제에 대한 관심이 커질 수밖에.

현우 나도 카셰어링 이야기를 들었을 때 차를 사는 것보다 용도에 맞추어 다양한 차를 빌려서 타는 것도 좋다는 생각을 했어.

쇼미 카셰어링? 렌터카랑 어떤 점이 다른데?

현우 헤헤, 사실 차이점은 잘 몰라. 가까운 곳에 잠깐 가기 위해 차를 빌릴 때 카셰어링을 이용하는 게 더 유리하다는 점만 알지.

신기 카셰어링은 한 대의 차를 여러 사람이 나누어 사용하는 일을 뜻해. 주택가를 비롯해 자신이 원하는 지역에서 시간 단위로 차를 빌려서 타고 반납이 가능하지. 렌터카 사업은 처음부터 기업 형태로 출발했지만 카셰어링은 같은 지역에 살거나 특정 단체에 속한 사람들이 공동으로 차를 산 후 시간 단위로 나누어 타면서 함께 사용하는, 회원제 자동차 공유 방식으로 생겨났어. 그러다가 2000년 미국 케임브리지 매사추세츠에서 설립된 집카(Zipcar)로부터 기업이 주도하는 자동차 공유 서비스가 시작되었어. 가입비 25불, 연회비 60불을 내고 회원인 집스터(Zipstar)가 되면, 자동차 문을 열 수 있는 멤버십카드를 받아. 사용료는 최소 시간당 8달러로 그 안에 보험료와 기름 값이 포함되어 있어 렌터카보다 저렴하고, 사용료 지불은 온라인에서 자동으로 이뤄져 아주 편리하게 이용할 수 있어.

집카의 등장을 가장 반긴 사람은 대학생들이었고, 지금도 집스터 중에는 대학생이 많아. 대중교통이 불편한 미국에서는 자동차가 없으면 이동이 어려워 고장이 잦아 골치가 아파도 고물 자동차라도 사야 했거든. 그런데 집카 덕분에 사지 않고도 자동차를 타는 게 사능해지니 환호성을 지른 거야. 한국에서는 그린카와 쏘카가 2011년부터 집카와 같은 방식의 카셰어링 서비스를 시작했어.

현우 공유경제가 뜨기도 전에 공유를 모델로 한 사업을 하다니, 대단하다.

신기 더 놀라운 사실을 알려 줄까? 집카를 만든 사람은 로빈 체이스(Robin Chase)라는 여성이었어. 당시 나이가 42세로 세 자녀를 기르는 어머니였지. 그녀는 자기 자녀와 같은 유치원에 다니는 다른 학부모 한 명과 함께 보스턴 케임브리지대학교 대학가에서 열두 대의 차로 이 사업을 시작한 거야.

쇼미 멋있다!

신기 그런데 아이러니하게도 기업의 급속한 성장이 로빈 체이스에게 오히려 독이 되었어. 집카가 성장하려면 지속적인 투자

가 필요했는데, 그녀는 투자금 조달 분야의 전문가는 아니었
거든. 그러자 2003년 이사회 회원들은 로빈 체이스가 아닌
다른 사람을 집카의 CEO로 지목했어. 하지만 집카를 떠난
이후에도 그녀는 운송 분야에서 활발하게 활동하여 2009년
에는 《타임》지가 선정한 100명의 가장 영향력 있는 인물 속
에 들기도 했지. 누가 뭐래도 그녀는 집카의 창업자로, 공유
경제를 비즈니스 모델로 발굴한 사람이니까.

현우 헐, 자기가 만든 회사에서 쫓겨나다니.

신기 주식회사의 주인은 CEO가 아니라 주주들이거든. 주주들은
창업자보다 기업을 더 잘 성장시킬 사람이 있다고 판단하면

벤쿠버의 집카

냉정하게 CEO도 바꾸어 버려. 그러고 보니 우버의 창립자 트래비스 캘러닉도 2017년 CEO 자리에서 물러났어. 스스로 사임을 발표했지만 사실은 투자자들이 그에게 우버를 떠나 라고 강력하게 요구했기 때문에 물러난 거야.

쇼미 왜?

신기 기업 내 성희롱과 인종차별 등 비윤리적인 문화를 눈감아 주어서 비난받던 와중에 그가 운전기사에게 막말을 하는 영상까지 퍼져서 우버에 대한 평판이 나빠졌거든.

아이고, 사람들의 취향이 소유보다 다양한 경험을 좋아하는 쪽으로 변하는 걸 이야기하다가 또 삼천포로 빠져 버렸네. 다시 돌아가자. 외할머니에게 들은 이야기가 생각난다. 친구가 이런 말을 했대. 살까 말까 망설여지면 사지 말고, 여행은 갈까 말까 망설여지면 가야 한다. 할머니들도 이런 말 하시는 걸 보면 소유보다 경험을 중시하는 삶의 방식은 밀레니얼 세대의 전유물은 아닌 것 같지?

쇼미 난 음악을 좋아하지만 내 용돈으로는 CD나 DVD를 사기 힘들어. 대신 음원 서비스를 이용해. 내 취향에 맞는 다양한 음악을 듣고 최신곡을 바로 들을 수 있어서 좋거든.

신기 이제 자리를 좀 옮겨 볼까? 중간고사 보느라고 고생했는데 영양 보충 좀 해야지. 내가 화끈하게 쏠게.

3

IT 기술,
공유경제에 날개를 달다

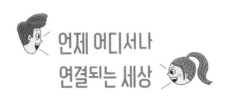

언제 어디서나 연결되는 세상

현우 음식이 나올 때까지 계속 이야기하면 어때? 아직 할 말이 많을 것 같은데.

신기 그런 말을 하다니. 현우가 확실히 달라졌구나.

현우 에어비앤비, 우버, 블라블라카 모두 평범한 아이디어로 대박을 터뜨렸어. 나도 공유경제를 잘 알면 대박 기회를 잡을 수 있을지 모르잖아. 말하고 나니 좀 창피하다.

신기 대박은 공유경제가 추구할 가치는 아닌데. 어쨌든 이야기는 계속하자.

쇼미 잠깐, 국어사전 좀 찾아볼게. 공유, 두 사람 이상이 한 물건을 공동으로 **소유**함. 소유 형태에 초점을 둔 설명이야. 공유경제는 Sharing Economy를 번역한 말이지. sharing의 뜻을 찾아보면 the joint use of a resource or space. 우리말로 하면 '자원 또는 공간의 공동 **사용**'. 사용 방식에 초점을 둔 설명이야. Sharing Economy를 '소유'를 전제한 '공유'경제라고 하는 건 약간 문제 있는 표현인 것 같은데.

신기 오호, 학습 태도가 좋아. '공유경제'라는 용어보다 '나눔 경제'

나 '협력 경제'와 같은 말이 더 적당하다며 쇼미와 같은 지적을 하는 사람들이 있지. 그런데 공유경제라는 말이 이미 널리 알려져서 그냥 공유경제로 계속 사용되고 있어.

쇼미 그건 그렇다고 치고. 렌터카는 언제부터 생겼어?

신기 위키피디아에서 찾아볼게. 독일 사례는 확실치 않으니 넘어가고. 1916년 미국 네브래스카주 오마하에서 조 손더스(Joe Saunders)라는 사람이 자기 소유의 모델 T를 빌려주는 일을 하다가 이듬해 아예 렌터카 회사를 차렸구나. 1926년에 56개 도시로 사업이 확장되었대.

현우 우연인가? 《시장과 가격 쫌 아는 10대》에서 모델 T가 가장 많이 팔린 해가 1917년이고, 1918년부터 판매가 줄었다고 했어. 혹시 자동차 수요가 줄어든 이유 중 하나는 렌터카?

신기 시기가 묘하게 일치하네. 1918년부터 판매량이 준 이유를 1917년에 이르러 자동차를 살 여력이 있는 사람은 이미 사서 초과 수요가 사라졌고, 자동차는 내구재라 다시 구매할 때까지 시간이 걸리기 때문이라고 했을 거야. 그런데 1917년 렌터카의 등장이 자동차의 수요곡선을 약간 왼쪽으로 움직이게 했을 것 같기는 해.[*] 렌터카 이용에 대한 정보가 없어서 영향의 정도는 알 수 없지만 말이야.

---

[*] 《시장과 가격 쫌 아는 10대》(풀빛, 2019) 72쪽 그래프, 75~79쪽 설명 참조.

쇼미 사람들은 무언가를 선택할 때 최소 비용을 들여서 최대 효용을 얻으려는 경제 원칙을 따른다고 언니가 설명했잖아? 만약 편리하고 저렴하게 빌려서 사용할 수 있는 환경이었다면 굳이 모든 걸 사들이지 않았을 것 같아. 렌터카 사업이 10년 만에 56개 도시로 확장되었다면 빌려서 사용하려는 사람도 많았다고 봐. 사람들이 소유를 고집한 게 아니라 빌려서 사용할 환경이 아니어서 소유 문화가 지배적이었던 건 아닐까? 공유 거래를 할 상대방을 찾기 어려워서 공유가 활기를 띠지 못하고 묵묵히 자취만 이어 갔을 거라는 생각이 들어. 사용하지 않는 공간을 빌려주고 돈을 벌고 싶어도 묵을 사람을 찾기 어려우면 실제 거래는 일어날 수 없잖아. 그러니까 사지 않아도 빌려서 사용하는 게 쉬워지자 공유경제가 살아나게 되었을 거라는 생각이 드는데.

신기 통찰력이 대단하다! 에어비앤비 이야기를 좀 더 해야지. 2007년 브라이언 체스키와 조 게비아의 거실에서 묵었던 첫 손님은 애리조나 주립대학교에서 디자인 공부를 하던 인도 남성이었어. 그는 국제디자인회의에 꼭 참석하고 싶었지만 숙박비로 쓸 돈은 넉넉하지 않았대. 싼 숙소는 이미 예약이 끝나서 참석 결정을 하지 못하고 망설이던 중 우연히 디자인 블로그에서 *Airbedandbreakfast.com* 웹사이트 주소를 발견했던 거야. 이틀간 서둘러 만들어 올린 웹사이트에는 예약을 위한 링크도 없었고, 심지어 집주인과 연락할 방법도 적혀 있지 않았나 봐. 그래서 인터넷 검색을 해 웹사이트 디자이너인 조 게비아의 연락처를 알아냈지. 만약 인터넷이 없던 시절이었다면 이들의 연결이 가능했을까?

현우 디자인 전공이라는 공통점이 있으니까 이리저리 연락하다 보면 운 좋게 연결될 수도 있었겠지. 하지만 쉬운 일은 아니고, 연결되기까지 시간도 많이 걸렸을 것 같아.

신기 그렇지. 사람들의 연결이 쉽지 않은 환경이라면 여유 자원을 가진 사람과 이를 사용하고 싶은 사람의 거래는 일어나기 힘들어. 거래를 위한 비용이 높으니까. 여기서 비용이란 돈뿐만 아니라 시간이나 편리함도 포함돼.

그런데 정보통신 기술이 발전하자 사람과 사람, 사람과 사물, 사물과 사물 등 모든 것이 연결되는 환경이 되었어. 인터넷 사용자 수부터 알아볼까? 국제전기통신연합에 따르면 2008년 인터넷 사용자는 세계 인구 100명 중 23명이고, 선진국은 61명에 달했어. 사람과 사람 사이의 연결이 쉬운 환경이 된 거지.

뿐만 아니라 2008년 7월에 선을 보인 앱 스토어가 실린 스마트폰은 언제, 어디서나 연결이 가능한 세상을 만들었어. 세계

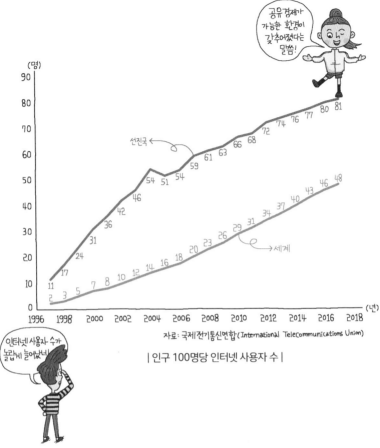

자료: 국제전기통신연합(International Telecommunications Union)

| 인구 100명당 인터넷 사용자 수 |

은행의 발표에 따르면 2009년 세계 인구 100명 중 5명에 불과했던 스마트폰 사용자는 2013년에는 22명으로 가파르게 늘어났지.

쇼미 현재(2019년) 세계 인터넷 사용자 수와 이동통신 가입자 수를 찾아볼게. 음, 인터넷 사용자는 약 45억 명, 이동통신 가입자는 47억 명이구나. 세계 인구는 약 78억 명, 그러니까 세계 인구의 60퍼센트 정도가 인터넷이나 모바일폰으로 연결되는 환경이야.

현우 대단하다!

신기 이런 기반 위에 웹이나 앱을 통한 공유경제 플랫폼이 개발되자 공급자와 사용자는 언제 어디서나 연결될 수 있었지.

쇼미 사서 사용할까, 빌려서 사용할까, 둘 중 하나를 경제 원칙에 따라 선택할 수 있는 환경이 된 거네. 오호, 사람들이 소유를 고집하지 않게 된 건 공유가 쉬운 환경이 뒷받침되었을 거라는 추측이 맞았구나. 역시 난 머리가 잘 돌아간단 말이야.

현우 어휴, 자화자찬하는 병이 또 도졌어. 음식 식기 전에 빨리 먹기나 하자고.

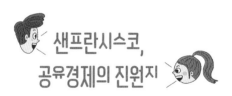

샌프란시스코, 공유경제의 진원지

현우 스테이크를 먹으니까 암스테르담 식당이 떠오른다. 오, 떠나고 싶어라.

쇼미 여행했던 도시 중 첫 여행지였던 암스테르담이 제일 기억에 생생해. 참, 에어비앤비와 우버 둘 다 샌프란시스코에서 시작된 걸로 기억하는데. 우연이야?

신기 에어비앤비와 우버가 샌프란시스코에서 만들어진 걸 흘려듣지 않았구나. 공유경제 거래는 공급자와 수요자가 거래 상대방을 찾고, 거래를 결정하고, 결제를 하는 과정으로 이루어져. 이런 과정들이 편리하고 효율적으로 이루어지게 해 주는 공유경제 플랫폼은 정보통신 기술자들이 개발해. 플랫폼을 만들려면 클라우드 컴퓨팅, 빅데이터, 모바일 결제 등과 같은 기술을 알아야 하거든. 그런데 샌프란시스코는 세계 정보통신 기술의 메카인 실리콘밸리에서 가장 가까운 도시야. 에어비앤비와 우버 모두 샌프란시스코에서 둥지를 튼 건 우연이 아닌 거지. 영국 신문사 〈텔레그래프〉에 의하면 2015년 현재 세계 공유경제 스타트업(설립한 지 오래되지 않은 벤처 기업을 일컫는 말로, 1990년대 후반 정보통신 분야에서 창업 붐이 일어났을 때 실리콘밸리에서 생겨난 용어다) 중 15퍼센트가 샌프란시스코에 자리 잡고 있다고 해.

현우 《국제거래와 환율 쫌 아는 10대》에서 1990년대 정보기술혁명으로 세상이 공업사회에서 정보사회로 바뀌었다고 했어. 세상을 정보사회로 바꾸어 버린 근원지가 바로 실리콘밸리구나. 누나는 실리콘밸리에 가 본 적 있어?

신기 실리콘밸리 여행은 내 버킷리스트 중의 하나야. 그래서 대학

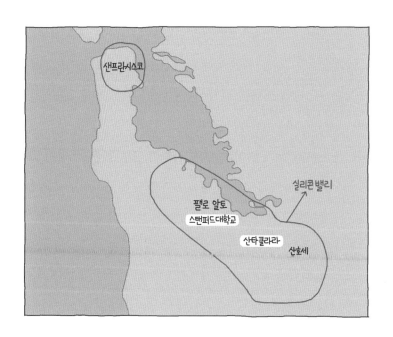

데이비드 팩커드의 집 창고가 있던 곳은 팰로 알토(Palo Alto)
이고, 이곳이 속한 샌프란시스코만 초입의 원래 지명은 산타클
라라 밸리였어. 그런데 1950년대부터 전자산업의 기반인 실리
콘으로 반도체 칩을 생산하는 많은 기업이 둥지를 틀어서 실리
콘밸리로 불리게 되었지. 반도체 재료인 '실리콘'과 산타클라
라 밸리를 합쳐서 만든 말이야.

실리콘밸리에는 인텔, IBM, HP, 시만텍, 애플, 오라클, 야후,
아마존닷컴, 이베이, 페이스북, 넷플릭스를 포함해 4000여
개의 첨단기술 기업이 자리 잡고 있어.

교 2학년 때 샌프란시스코를 출발점으로 미국 서부 여행을 떠났지. 샌프란시스코 여행 첫날, 실리콘밸리를 둘러보고 스탠퍼드대학교 캠퍼스를 돌아다녔단다.

현우 스탠퍼드대학교는 왜 갔는데?

신기 실리콘밸리의 주역이 된 많은 사람이 공부했던 곳이라서. 대표적인 인물이 휴렛팩커드(HP)를 창업한 빌 휴렛(Bill Hewlett)과 데이비드 팩커드(David Packard)야. 이들이 1938년 음향기기를 테스트하는 오디오 발진기를 개발하자 프레더릭 터먼(Frederick Terman) 교수는 창업을 권했대. 스승의 권유에 따라 1939년 1월 팩커드의 집 창고에서 세계 최초의 벤처 기업인 휴렛팩커드의 창업이 이루어졌어. 회사 이름을 정하려고 동전 던지기 시합을 했던 이야기는 아주 유명해. 휴렛이 이기면 휴렛팩커드, 팩커드가 이기면 팩커드휴렛으로 하기로 했다지 뭐야. 시합에서는 팩커드가 이겼지만, 그가 부르기 쉽게 그냥 휴렛팩커드로 하자고 했대.

쇼미 창업 이야기가 참 신선하다.

신기 창업자들이 젊으니까 게임하듯 창업하는 것 같지? 프레더릭 터먼 교수는 '실리콘밸리의 아버지'로 불려. 그는 1951년 스탠퍼드대학교 주변에 연구단지(Standford Research Park)를 만드는 데 앞장섰어. 이곳에 정보통신 분야 기업들이 몰려들었

1939년 1월 세계 최초의 벤처 기업 휴렛팩커드가 탄생했는데,
그곳은 다름 아닌 창업자 데이비드 팩커드의 창고였다.

고, 대학은 학생뿐 아니라 기업 직원들의 교육까지 담당하며
실리콘밸리의 기술력을 높이는 데 큰 역할을 했어. 아, 블라
블라카의 창업자 프레더릭 마젤라도 프랑스 사람이지만 스
탠퍼드대학교 출신이야. 개발자 중에는 샌프란시스코에 살
면서 실리콘밸리로 출퇴근하는 사람도 많아.

쇼미 정보통신 분야 개발자의 연봉은 높을 테니까 샌프란시스코에는 부자들이 많겠네.

신기 2019년 샌프란시스코 가구의 1년 평균 소득은 약 14만 9000달러(약 1억 7900만 원)로 세계 최고 수준이야. 아마도 정보통신 분야에서 일하는 가구의 평균 소득은 이보다 더 높을걸.

현우 우아, 정말 부럽다.

신기 하지만 샌프란시스코는 세계에서 가장 집값이 비싼 도시야. 금융정보제공회사 스마트에셋(SmartAsset)에 따르면 미국 내 100만 달러 이상의 집은 전체의 3퍼센트인 데 비해 샌프란시스코는 81퍼센트에 이른대. 임대료도 비싸서 방 두 개짜리 아파트 월세가 평균 4600달러고. 에어비앤비 창업자들이 2007년 빌린 아파트 월세가 1150달러였던 걸 감안하면 엄청나게 올랐지? 2000년대 후반부터 정보통신 분야 스타트업들이 샌프란시스코로 몰려들면서 집값이 폭등한 거야.

샌프란시스코는 비싼 집값뿐만 아니라 심각한 교통체증과 주차난으로도 유명해. 이런 어려움이 샌프란시스코를 공유경제의 진원지로 만들었다고 하는 사람도 있어. 터무니없는 호텔 가격으로 인해 에어비앤비가 탄생했고, 택시 잡기 어려운 교통 환경이 우버를 만들었다는 거지. 주차 관련 공유경제 기업 럭스(Luxe)가 등장한 것도 샌프란시스코의 심각한 주차난 때문이고. 럭스는 2013년에 설립되었는데, 발레파킹 (valet parking) 서비스를 제공하는 공유경제 기업이야. 주차할 장소를 찾지 못해 난감한 운전자들의 요청을 받고 주차요원들이 럭스가 확보한 주차 공간에 대신 주차를 해 주는 서비스를 제공하는 기업이지.

쇼미 우리 아파트도 주차 공간이 부족해. 주차 문제로 주민들이 서로 언성을 높이는 일도 가끔 생기고. 우리 동네에도 공유주차 서비스가 생기면 좋겠다.

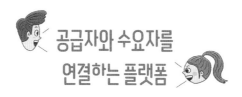

공급자와 수요자를 연결하는 플랫폼

현우 궁금한 게 있어, 누나. 내가 아는 플랫폼은 열차를 타고 내리는 승강장이야. 여행할 때 역에 도착하면 항상 우리가 탈 열차가 들어오는 플랫폼을 확인하고 거기서 기다렸잖아. 그런데 공유경제에 왜 플랫폼이 나와?

신기 열차가 교통수단이 되면서 열차를 타고 내리기 쉽게 만든 장소를 플랫폼이라 불렀어. 그리고 컴퓨터가 등장하면서 응용 소프트웨어를 실행하기 위해 쓰이는 하드웨어와 소프트웨어도 플랫폼이라고 하게 되었지. 예를 들면 MS-Windows 상에서 동작하는 응용 소프트웨어의 플랫폼은 MS-Windows 인 거야. 요즘은 사용 범위가 더 넓어졌어. 수익을 내거나 수익을 낼 잠재력이 있는 온라인 웹이나 앱은 물론 많은 사람이 인정하는 사회적인 합의나 규칙까지도 플랫폼이라고 해.

쇼미 유튜브도 플랫폼?

신기 물론이지. 유튜브뿐만 아니라 아마존, 구글, 페이스북도 모두 플랫폼이야.

현우 무언가 새로운 것이 만들어지면 새로운 말들이 생겨나잖아. 그런데 왜 온라인 웹이나 앱은 새로운 말을 만들지 않고 플랫폼이라 하게 되었을까?

신기 승강장 모습을 상상해 봐. 열차를 타고 내리는 사람뿐만 아니라 배웅하는 사람과 마중 나온 사람도 있어. 모여든 사람들에게 음료수와 간식을 팔려는 상인들도 있고. 승강장에는 하고자 하는 일은 서로 다르지만 열차를 중심으로 많은 사람이 모여. 온라인 플랫폼에서도 같은 현상이 벌어져. 유튜브에는 동영상을 중심으로 크리에이터와 시청자, 광고주가 모이고, 에어비앤비에는 숙소를 중심으로 집주인과 여행자, 여행 관련 서비스를 제공하

좋아요!

딱 내 스타일!

는 사람들이 모이지. 승강장은 열차, 유튜브는 동영상, 에어비앤비는 숙소 등 그 중심은 다르지만 서로 원하는 일을 하려는 사람들이 모여 거래한다는 공통점이 있어. 그러니까 이런 도구를 일컫는 말로 플랫폼이 딱 들어맞지 않아?

현우 내가 탈 열차가 들어오는 플랫폼, 내가 원하는 서비스를 제공하는 플랫폼, 정말 그렇구나. 실제 거래가 어떻게 일어나는지 아무 공유경제 플랫폼이나 접속해서 보고 싶어.

신기 그러지 뭐. 다음 여행 갈 때 에어비앤비를 우선으로 숙소를 찾아보자고 했지? 이번 달 마지막 금요일에 경주로 2박 3일 일정의 여행을 간다고 가정하고, 에어비앤비에서 숙소를 찾아보자. 검색창에 경주를 치고 날짜와 인원을 입력하고 검색을 눌러 봐.

쇼미 헉, 이렇게 많은 숙소가 나오다니. 이걸 언제 다 살펴보지?

신기 그래서 원하는 조건을 정하고 검색 범위를 좁히는 기능이 있어. 우선 최대 요금 범위를 하루 100달러 정도인 12만 원으로 낮추고, 숙소 유형도 우리가 원하는 것만 나오게 하자. 그래도 너무 많은 숙소가 뜨네. 그럼 침대는 각자, 욕실은 우리만 사용하는 필터를 추가해서 범위를 좁혀 봐야지. 이 정도면 됐어. 이제 위치와 특징, 숙박 비용, 평점이나 후기 등을 참고로 해서 가장 마음에 드는 곳을 찾는 거야. 이런 방식으로 숙소를 찾아서 정하고 예약하면 돼. 국내는 물론이고 해외의 숙소도 이렇게 찾아서 예약할 수 있어.

현우 야, 정말 편리하다.

신기 이렇게 손쉽게 거래를 연결하는 플랫폼 덕분에 공유경제 서비스의 거래 비용은 아주 낮아졌어. 공유경제를 통해 얻을 수 있는 효용이 거래 비용보다 커졌으니까 공유경제 거래는 늘어나게 되었고.

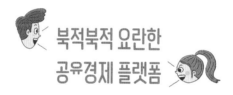

북적북적 요란한 공유경제 플랫폼

신기 열차를 타고 내리는 곳이라는 역할은 같지만 북적이는 플랫폼이 있는가 하면 한산한 플랫폼도 있어. 유럽 여행 중 우리가 갔던 역 중에 가장 북적이는 곳은 어디였지?

쇼미 프랑크푸르트 중앙역.

신기 그렇지. 프랑크푸르트 중앙역은 하루에 340대가 넘는 장거리 열차와 290대의 지역열차가 통과하는 독일 최대의 역이야. 독일 내 지역은 물론이고 유럽의 다른 도시까지 열차로 연결된다는 편리함 때문에 하루에 46만 명이나 되는 사람들

기차를 타고 내리는 사람들이
모이는 플랫폼은
더 이상 물리적 공간이 아니다.
플랫폼의 북적거림은
온라인에서 훨씬 더 활발하다.
사진은 독일 프랑크푸르트
중앙역 정경.

이 찾아와. 이렇게 많은 사람
이 모이는 역의 플랫폼은 항상
북적여. 하지만 열차가 거의
서지 않는 시골 간이역의 플랫
폼은 사람을 찾아보기 어려울
정도로 한산해.

온라인 플랫폼도 마찬가지야.
접속하는 사람이 많은 플랫폼
이 있는가 하면 찾는 사람이
거의 없는 플랫폼도 있어.

현우 맞아. 나랑 내 친구들은 동영
상은 주로 유튜브에서 보고,
메시지는 카카오톡에서 보내.
비슷한 기능을 가진 다른 플랫
폼들도 있을 텐데 이용하는 플
랫폼은 정해져 있어.

신기 프랑크푸르트 중앙역이 독일
에서 가장 많은 사람이 몰리는
역이기는 하지만, 한국에서 열
차를 타고 다른 도시로 이동하

는 사람들이 가지는 않아. 하지만 온라인 플랫폼은 이런 지리적인 제한이 없어. 전 세계 사람들이 1등 플랫폼으로 모여들기도 해. 세계 모든 나라 사람들이 동영상을 보려면 유튜브에 접속하는 것처럼 말이야.

쇼미 공유경제 플랫폼도 마찬가지야?

신기 1등 플랫폼이 나라에 따라 다를 수 있지만 1등 플랫폼으로 몰린다는 특징은 마찬가지야. 예를 들면, 공유 숙박의 경우는 어느 나라에서나 에어비앤비를 가장 많이 이용해. 차량 공유의 경우 세계적으로 가장 유명한 플랫폼은 우버야. 하지만 중국에서는 디디콰이, 동남아시아에서는 그랩이 차량 공유 시장을 잡고 있어.

1등 공유경제 플랫폼이 되려면 사람을 몰려들게 만드는 플랫폼을 개발해서 시장을 먼저 차지해야 해. 그런데 공유경제 플랫폼이 북적이려면 어떻게 만들어야 할까?

현우 편리하고 쉽게 거래할 수 있도록 만들어야지.

신기 땡! 반은 맞고 반은 틀렸어. 편리하고 쉬운 사용은 기본이고, 공유경제 플랫폼을 개발할 때 반드시 염두에 두어야 할 점이 있어. 공유경제 서비스의 공급자는 다른 시장의 공급자와 성격이 다르다는 점이야.

쇼미 무슨 뜻이야?

신기 렌터카 회사나 호텔의 경우 자동차나 건물을 가진 기업이 바로 시장의 공급자가 되지. 그러니까 공급자는 수요를 늘리는 일에만 집중하면 돼. 하지만 에어비앤비나 우버와 같은 공유경제 플랫폼은 그렇지 않아. 에어비앤비나 우버는 서비스의 중개자이지 공급자가 아니니까. 수요자들이 몰려오더라도 공급자인 집주인이나 운전기사가 없으면 거래는 이루어질 수 없어. 그러니까 공유경제 플랫폼은 서비스의 공급자와 수요자 둘 다 만족시킬 수 있어야 해. 소비자 입장에서는 제공되는 서비스의 가격이 싸면 쌀수록 좋지. 하지만 공급자에 대한 대가가 터무니없다면 공급자는 서비스 제공을 하지 않을 테니까 양쪽의 균형을 잘 맞추어야 해.

현우 온라인 플랫폼을 운영한다는 게 쉬운 일이 아니네.

신기 아직 공유경제에 대해서 할 이야기가 많지만, 오늘은 이쯤에서 끝내자. 조만간 다시 만나기로 하고. 너희들 너무 늦게 집으로 보내 이모들에게 혼나기 싫거든.

공유경제를 자라게 한
온기와 풍랑

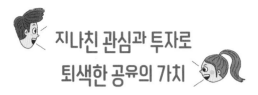

지나친 관심과 투자로
퇴색한 공유의 가치

신기 2주 만에 다시 만났네. 그동안 공유경제를 머릿속에서 지우고 산 건 아니지?

현우 그럴 리가. 그런데 공유경제는 생각할수록 헷갈려. '시장과 가격'이나 '국제거래와 환율'은 이야기를 들으며 모호하게 알았던 것들을 잘 이해하게 되었는데, 공유경제는 그렇지 않아. 공유주택이 공유경제라는 사실조차 이해되지 않거든. 하나만 물어볼게. 누나가 사는 공유주택의 주인은 개인이야, 기업이야?

신기 막 공유주택 사업을 시작한 작은 기업이야. 이곳 반응이 좋아서 다른 지역에서도 공유주택 사업을 할 거래.

현우 내가 헷갈린다는 게 바로 그거야. 에어비앤비를 통해 숙소를 빌리는 일은 예전에는 없었던 새로운 형태의 소비야. 그런데 공유주택의 방을 빌리는 건 원룸이나 오피스텔을 빌리는 것과 차이가 없는 것 같아. 공유주택은 혼자서 사용하는 공간과 함께 사용하는 공간으로 나누어 공간 이용의 효율성이 높기는 하지만, 공간을 빌린다는 점은 같잖아. 뭐가 공유경제이고 아닌지 잘 모르겠어.

신기 오호, 현우가 제대로 파악했네.

쇼미 헷갈린다는데 뭘 제대로 파악했다는 거야?

신기 그게 바로 공유경제의 현재 상황이니까. 경제전문가 사이에서도 공유경제의 범위에 대해 논란이 일고 있거든. 그러니까 현우가 공유경제의 현 상황을 제대로 파악한 거야. 왜 이런 논란이 벌어지는지 이해하려면 공유경제의 성장과 이로 인해 생겨난 새로운 경제 현상을 알아야 해. 우선 공유경제의 성장 이야기부터 할게.

에어비앤비와 우버가 설립된 후 벤처캐피탈은 공유경제의 성장 가능성을 아주 높게 평가하고 공유경제 기업에 과감하게 투자했어. 예를 들면 에어비앤비는 2009년 3월 등록된 집

벤처캐피탈은 높은 기술력과 장래성은 있으나 사업 기반이 안정되지 않아 은행으로부터 돈을 빌리기 어려운 기업에 담보 없이 투자하는 기업이야. 투자를 받은 기업이 성장하면 대가로 받은 주식을 팔아서 엄청난 이익을 낼 수 있어. 하지만 성과를 내지 못하고 파산하면 최악의 경우 투자한 돈을 아예 날릴 수도 있지.

주인이 2500명, 회원은 1만 명에 달하자 2009년 4월에 벤처캐피탈로부터 60만 달러의 투자를 받을 수 있었어. 성장 속도가 빨라지자 2010년에 720만 달러, 2011년에는 무려 1120만 달러에 이르는 투자를 받았단다.

현우 1120만 달러면 우리 돈으로 얼마인지 계산해 봐야지. 오늘의 원/달러 환율이 1200원이라고 하면 11,200,000(달러) × 1,200(원) = 134억 4000만 원.

신기 2011년 3월 미국의 대표 시사주간지 《타임》이 '세상을 바꿀 10개의 아이디어' 중 하나로 공유경제를 꼽을 정도로 공유경제는 뜨거운 관심사가 되었어.* 관심이 커지자 공유경제 기업에 대한 투자도 늘어서 미국의 경영자문업체인 앨티미터 그룹(Altimeter Group)의 2013년 조사에 따르면, 우버와 에어비앤비를 포함한 상위 200개 공유경제 기업이 투자받은 돈은 20억 달러가 넘어.

벤처캐피탈의 투자가 활발해지자 너도나도 공유경제 기업을 창업하는 열풍이 일어났어. 공유경제 기업이라고 해야 투자받기 쉬우니까 공유 소비는 물론이고, 사업 모델이 공유와 조금이라도 연관이 있으면 모두 자신들을 공유경제 기업이라고

• http://content.time.com/time/specials/packages/article/0,28804,2059521_2059717_2059710,00.html

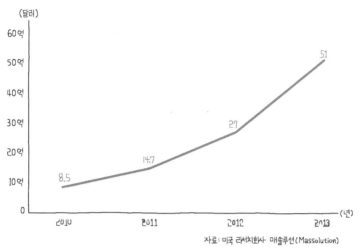

(달러)

60억

50억　51

40억

30억　27

20억

14.7

10억

8.5

0

2010　2011　2012　2013　(년)

자료: 미국 리서치회사 매솔루션(Massolution)

| 세계 공유경제 시장 규모 |

2010년에 8억 5000만 달러 규모였던 세계 공유경제 시장은 벤처캐피탈의 투자에 힘입어 2013년에는 51억 달러 규모로 성장했어. 3년 사이에 6배나 커진 거지.

홍보했어. 그래서 공유가 없는 공유경제 기업들이 생겨서 공유경제의 범위에 대한 논란이 일게 된 거야. 위워크(WeWork)로 인해 이런 논란은 더욱 거세졌지.

쇼미 위워크는 어떤 기업인데?

신기 공유사무실 사업을 하는 기업. 2010년 애덤 뉴먼(Adam

Neumann)과 미겔 매켈비(Miguel McKelvey)가 뉴욕에서 창업했어. 이들은 위워크 창업 전 2008년, 자연친화적인 코워킹 공간(eco-friendly coworking space)을 내세우며 '그린 데스크'라는 기업을 만들었어. 코워킹은 사무실을 공유하면서 정보, 기술, 아이디어 등을 나누며 함께 일하는 거야. 단순히 공간만 공유하는 게 아니라 사무실을 함께 사용하는 기업들이 서로 협업하고 교류하는 사업 파트너가 될 거라고 홍보했지. 그들은 건물 한 층을 월 7500달러에 빌린 후 이를 월 1000달러씩 받는 15개의 사무실로 나누었어. 경제 침체로 사무실 규모를 줄이려던 기업이 많아서 금방 모든 사무실을 빌려줄 수 있었지. 자신감을 얻게 되자 그린 데스크를 팔고 본격적으로 공유사무실 사업을 하려고 위워크를 창업한 거야.

공유사무실은 새로운 아이디어는 아니었어. 미국에는 이미 수많은 공유사무실 기업이 있었거든. 그럼에도 불구하고 위워크는 '우리(We)'라는 공동체를 내세워 성공을 거두었지. 이스라엘에서 태어난 뉴먼은 어린 시절에 생활공동체 '키부츠'에서 수백 명의 사람들과 함께 생활했어. 이런 공동체 생활 경험을 살려 위워크에서 일하는 모든 기업은 하나의 공동체가 되는 환경을 만든다는 전략을 세웠던 거야.

현우 일반 사무실을 사용하는 거랑 위워크 사무실을 사용하는 거랑 뭐가 다른데?

신기 위워크에 입주하면 사무실이 아닌 회의실, 주방, 라운지 같은 공간을 모두 함께 사용해. 사무실도 유리벽으로 분리해서 자연스럽게 서로 얼굴을 익힐 수 있고, 무료 카페에서 음료나 맥주를 마시며 이야기를 나눌 기회가 많아서 사람들의 교류가 저절로 이루어져.

쇼미 분위기 좋겠는데.

신기 그리고 단순히 부동산 임대 기업이 아니고 IT 기술을 바탕으로 한 경영 서비스도 제공하는 기업이라는 점을 강조했어. 이런 홍보가 설득력이 있었는지 투자가 쏟아져 들어와 공격적으로 사업을 키울 수 있었지. 세계 120여 개 도시에 560여 개 지점을 운영할 정도로 규모가 커지자 위워크는 2019년 8월 미국 증권시장에 상장하려는 시도를 했어. 하지만 상장 준비 과정에서 경영 실적이 드러나며 곤경에 처하게 되었어. 사실 그동안 엄청난 적자를 보고 있었거든. 갑자기 위워크를 바라보는 시선은 차가워졌고, 사업 모델이 기존의 부동산 임대업과 다를 바 없다는 평가를 받게 되었지. 결과는 상장 실패. 설상가상으로 뉴먼의 부도덕한 행동들이 알려지며 뉴먼은 CEO 자리에서 물러나야 했어.

현우 투자가 몰리며 공유경제가 산으로 가 버렸구나.

신기 내가 할 말을 현우가 해 버렸네. 맞아. 과유불급(過猶不及)이란 말처럼 지나친 관심과 투자는 공유경제가 새로운 경제 모델로 굳건히 자리 잡을 기반을 오히려 망가뜨리고 병들게 했어.

사무실을 공유하세요. 경영 서비스는 덤입니다.

WeWork

공유사무실이 대세야. 통 크게 투자해야지!

글쎄.

부동산 임대업과 뭐가 다르지?

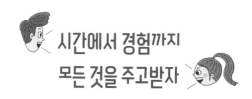

시간에서 경험까지 모든 것을 주고받자

신기 어쨌든 벤처캐피탈의 투자로 2010년대는 공유경제의 시대라 할 정도로 공유경제에 대한 관심이 높았어. 공유경제 기업들은 투자를 받기 위해 자기들의 플랫폼을 혁신이라고 내세웠지. 물론 초기 공유경제 플랫폼인 에어비앤비와 우버, 블라블라카는 누가 뭐래도 혁신이야. 하지만 뒤따라 생겨난 많은 공유경제 플랫폼은 혁신보다는 개선이라는 말이 어울리지. 공유주택이나 공유사무실 사업도 부동산 임대 사업에 공유경제의 장점을 살짝 얹은 개선이라고 봐야고.

쇼미 난 창업 이야기가 재미있어. 혁신이든 개선이든 차량이나 숙박이 아닌 다른 분야의 공유경제 기업도 소개해 줘.

신기 단기 일자리 중개 서비스 플랫폼부터 소개할까? IBM 소프트웨어 엔지니어였던 리아 버스크(Leah Busque)가 만든 태스크래빗(TaskRabbit) 이야기를 해 줄게. 버스크는 강아지 사료를 사러 갈 시간을 낼 수 없어서 심부름을 해 줄 사람이 있으면 좋겠다는 생각을 하다가 심부름 사업이라는 아이디어가 떠올랐어. 2008년 9월 오픈 당시의 사이트 이름은 '내 심부름을 해 주세요(Runmyerrand.com)'였어. 거래는 심부름을 시킬 사람이 일의 종류와 지급 금액을 사이트에 올리면, 일하고 싶은 사람이 지원을 하고, 지원자 중 한 명에게 이를 부탁하는 방식으로 이루어져. 장보기, 집 청소, 음식 배달, 세차, 강아지와 산책하기, 새 제품이 판매되는 날 매장 앞에 줄 서기 등 심부름 종류는 천차만별이란다.

현우 역시 누구나 생각할 수 있는 아이디어를 사업화한 거네. 곰곰 생각하면 나도 뭔가 좋은 아이템을 찾아낼 것 같은데. 다른 분야는 어때?

신기 개인이 다른 개인에게 돈을 빌려주는 대출 서비스 플랫폼이 있어. 렌딩클럽(LendingClub)은 2007년에 설립되었어. 돈을 빌리고 싶은 사람이 자기 신용에 관한 정보를 주고 대출 신청을 하면, 다른 사람들이 신용을 평가한 뒤 돈을 빌려주는 거야. 한 사람이 4만 달러까지 빌릴 수 있어. 대출은 일 대 일로 일어나는 게 아니라 대부분 한 사람이 여러 사람에게 돈을 빌리게 돼. 돈을 빌려주는 사람은 한 사람에게 1000달러든 2000달러든 자기가 빌려주고 싶은 금액만큼만 빌려줘. 돈을 빌려주는 액수가 똑같더라도 한 사람이 아니라 여러 사람에게 나누어 빌려주면 한 사람에게 모두 빌려줄 때보나 위험이 줄어들지.

쇼미 우리는 아직 빌려줄 돈이 없으니 패스. 우리가 공급자가 될 수 있는 일이 있을까?

신기 엣시(Etsy)라면 가능해. 엣시는 직접 만든 수공예품이나 예술 작품, 20년 이상이 된 빈티지 제품을 거래하는 플랫폼이야. 로버트 칼린(Robert Kalin)은 손으로 뭔가를 만들기를 좋아한 청년이었어. 2005년 그는 두 친구와 중간 상인 없이 독특한 수제품을 직접 사고파는 공동체를 꿈꾸며 웹사이트를 만들었어. 엣시는 3년 만에 20만 명의 판매자가 모여들 정도로 호응을 얻었지. 2020년 현재 150여 개 나라의 3000만 명이 넘는 사람들이 판매자로 활동해. 쇼미는 손재주가 많지? 조각보 같은 한국 전통의 제품을 만들어서 팔면 용돈벌이는 할 수 있을걸.

현우 혹시 안 쓰는 물건을 거래하는 플랫폼도 있어?

신기 물론이지. 사용하지 않는 옷, 구두, 장신구, 책 등은 물론 3D 프린터와 같은 첨단기기를 빌리고 빌려주는 플랫폼까지 있는걸.

현우 와, 이제 세상 모든 걸 공유하는 시대가 되었구나.

신기 공유 대상만 늘어난 게 아니야. 공유 방식도 다양해졌어. 숙박 공유는 에어비앤비, 차량 공유는 우버를 떠올리지만 숙박과 차량 공유 서비스가 다른 방식으로 이루어지기도 해. 소파인 카우치(Couch)와 파도타기인 서핑(Surfing)을 합친 '카우치서핑(CouchSurfing)'은 2003년에 탄생했어. 대가를 주고받는 공유경제 플랫폼이 만들어지기 전이었지. 공급자는 무료로 숙소를 제공하고 여행자와 함께 시간을 보내며 문화교류를 하고 싶은 사람들이야. 수요자는 현지인의 집에 공짜로 묵으면서 특별한 경험을 하고 싶은 사람들이고.

2009년 런던에 세워진 '원파인스테이(onefinestay)'는 에어비앤비와 같은 방식의 공유 숙박 기업인데, 묵을 수 있는 곳들이 아주 고급이라는 점이 달라. 호화 주택에서 묵으며 호사를 누리는 경험을 원하는 사람들이 찾는 플랫폼이지.

현우 돈은 들어도 며칠간 원파인스테이를 통해 빌린 집에 살면서 부자 놀이를 해 보면 재미있겠다. 그때 고급 승용차나 특이한 스포츠카를 빌릴 수 있으면 더 좋을 텐데. 그런 차도 빌릴 수 있나?

신기 있고말고. 튜로(Turo)나 겟어라운드(Getaround)는 사용하지 않는 자기 차량을 다른 사람에게 빌려주는 개인 간 차량 내여 서비스를 제공해. 차량 주인은 편안하게 용돈을 벌 수 있고,

빌리는 사람은 저렴하고 편리하게 차량을 이용할 수 있어.

쇼미 자동차 키는 어떻게 받아?

신기 빌려주는 차에는 앱으로 문을 열 수 있는 장치를 설치하게 되어 있어. 빌리는 사람은 앱으로 문을 열고.

쇼미 와, 기술이 상상하는 모든 걸 가능하게 만드는 세상이다.

신기 여행하면서 물건을 전달해 주고 돈을 버는 방법도 있어. 피기비(PiggyBee)는 자기 물건을 다른 나라에 사는 가족이나 친지에게 전달해 주기를 원하는 사람을 여행자와 연결하는 플랫폼이야. 여행자에게 해외에서 물건을 대신 사 달라고 부탁하는 것도 가능해. 재미있는 점은 대가를 돈이 아니라 음식이나 숙박을 제공하거나 원하는 장소까지 데려다주는 등 다른 형태로도 지불할 수 있어. 피기비는 2012년 벨기에에서 세워졌는데, 지금은 유럽을 넘어 다른 대륙에서도 서비스가 이루어진단다.

현우 미리 알았으면 우리도 유럽 여행할 때 짐을 날라 주고 식사 대접을 원한다고 했을 텐데. 현지 사람의 집에서 먹는 식사, 정말 기억에 남을 것 같지 않아?

신기 미안. 현우가 원하는 줄 알았으면 그런 기회를 만들어 볼걸.

잇위드(Eatwith)를 통하면 현지인이 집에서 손수 만든 음식을 먹는 문화체험을 할 수 있거든.

현우 잉, 아쉽다. 유럽 가기 전에 공유경제를 알았다면 색다른 체험을 많이 할 수 있었는데.

쇼미 아무래도 우리 함께 또 떠나야겠지?

신기 헉, 내가 여행할 때 또 껌딱지가 되겠다고? 누구 마음대로?

발리에서 체험하는 잇위드 거래

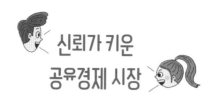

신뢰가 키운 공유경제 시장

쇼미 아하. 이제 알았다!

신기 뭘 알았다는 거야?

쇼미 전에 언니가 상업경제와 공유경제의 차이점을 알려 줬잖아. 그때는 들어도 무슨 말인지 모르겠더라고. 기업과 개인의 경제활동을 '기업은 원재료를 사서 생산한 재화와 서비스를 시장에 팔아서 돈을 번다. 개인은 일을 하고 번 돈으로 생활에 필요한 재화와 서비스를 산다.'로만 알고 있었어. 그래서 사고파는 거래의 공급자는 무조건 기업이고, 수요자는 개인이라는 틀을 벗어나지 못했지. 이제 공유경제의 공급자는 기업이 아니라 개인이고, 기업은 공급자와 수요자를 연결하는 중개자라는 걸 확실히 깨닫게 됐어. 그리고 공유경제 거래는 개인과 개인 사이에 일어난다는 특징도 이해했고.

현우 공유경제로 보통 사람들도 재화와 서비스의 공급자가 될 수 있게 되었다는 거지.

신기 훌륭해. 공유경제로 인해 개인과 개인 사이의 거래는 활기를 띠게 되었어. 그런데 그런 거래는 오픈마켓의 등장으로 시작되었어. 오픈마켓이 뭔지 알지?

쇼미 온라인 쇼핑몰?

신기 온라인 쇼핑몰이 모두 오픈마켓인 건 아니야. 장난감 생산 기업이 자사 제품 판매를 위해 직접 운영하는 온라인 쇼핑몰이라면 오픈마켓이 아니고, G마켓·옥션·인터파크 등 개인이든 기업이든 누구나 자유롭게 물건을 사고팔 수 있는 온라인 쇼핑몰이 오픈마켓이지. 오픈마켓에서는 개인도 공급자가 될 수 있으니까 개인과 개인 사이의 거래가 가능해진 거야.

현우 그렇구나. 오픈마켓은 언제 등장했는데?

신기 첫 오픈마켓은 1995년 미국 캘리포니아주 산호세에서 컴퓨터 프로그래머인 피에르 오미디야르(Pierre Omidyar)가 만든 옥션웹(AuctionWeb)이란 경매 사이트야. 여자 친구의 페즈(Pez) 캔디통 수집을 도우려고 만들었다고 해.

쇼미 대단한 남자 친구다. 부러워.

현우 캔디통 수집? 참 특이한 취미네.

신기 페즈 캔디통은 디자인이 다양해서 수집하는 사람들이 있나 봐. 더 특이한 취미를 가진 사람을 알려 줄까? 오미디야르가 판다고 올린 품목 중에 고장 난 레이저 포인터가 있었어. 이것이 14.83달러에 팔리자 깜짝 놀라서 구매한 사람에게 고장 났음을 알려 주는 메일을 보냈대. 답변은 "나는 고장 난 레이저 포인터 수집가입니다."

쇼미 헐, 할 말이 없다.

신기 옥션웹은 1997년 회사 이름을 이베이(eBay)로 바꾸었어.

현우 이베이는 나도 알지.

신기 이베이를 통해 해외 직구를 하는 사람들이 있고, 세계에서 가장 큰 오픈마켓이라 웬만한 사람들은 다 알 거야. 아무튼 오픈마켓에서 시작된 개인과 개인 사이의 거래는 공유경제로 인해 쑥쑥 늘어났어.

쇼미 블라블라카 이야기를 들으면서 모르는 사람과 긴 시간 함께 차를 타는 건 어색하고 불안하다는 생각이 든다고 했잖아. 공유경제가 쑥쑥 성장했다면 많은 사람이 낯선 사람을 믿고 거래한다는 건데, 솔직히 말해서 난 아직도 모르는 사람과의 거래는 편하게 느껴지지 않아. 내가 낯가림이 심한가?

신기 그럴 리가. 쇼미처럼 붙임성 있는 사람도 흔치 않을걸. 낯선 사람에게 경계심을 느끼는 건 당연해. 그래서 공유경제 기업들은 공급자와 수요자가 서로 신뢰할 수 있게 도와주는 장치와 피해에 대한 대책을 마련하고 있지.

현우 공급자와 수요자가 서로 상대방에 대한 평가를 해서 무례하거나 신뢰할 수 없는 사람을 걸러 내도록 하는 것? 지금처럼 이미 많은 사람이 공유경제 플랫폼을 이용해 데이터가 쌓였

다면 그런 게 도움이 되지. 하지만 공유경제 플랫폼이 만들어

진 초기에도 그런 데이터가 있었어?

신기 마침 공유경제가 관심을 끌게 된 시기는 SNS 이용이 널리 퍼

지며 온라인 신뢰 문화가 자리 잡은 때였어. 그래서 모르는

사람에 대한 경계심이 줄어든 게 개인과 개인 사이 거래를

하는 데 큰 도움이 되었지. 너희들도 SNS를 이용하지?

쇼미 카톡은 당연히 쓰는데 아직 페이스북(facebook)에 가입은 안

했어. 친구들은 많이들 하더라고.

신기 SNS는 Social Network Service라는 이름 그대로, 취미나

관심이 같거나 특정한 활동을 함께하는 사람들의 네트워크

를 만들어 주는 온라인 서비스잖아? 요새는 인스타그램

(Instagram)이나 틱톡(TikTok) 등 다양한 SNS가 나오고 사용

자들도 늘고 있지. 그래도 여전히 세계에서 가장 많은 사람이

사용하는 SNS는 페이스북이야. 페이스북이 언제 처음 나왔

는지 아니? 2004년이야. 하버드대학교 학생인 마크 저커버

그(Mark Zuckerberg)가 만들었지. 하버드대학생들을 대상으

로 한 짓궂은 장난으로 시작했기 때문에 처음에는 하버드대

학생만 가입하는 플랫폼이었어. 그러다 가입 대상을 점점 넓

혀서 2006년부터 13세 이상의 모든 사람에게 개방했어.

SNS 참여는 별명이나 가명이 아니라 실명으로 해. 회원 가입

을 할 때 성별, 나이, 직업, 문화적 취향, 종교, 사상 등의 정보도 등록하고. 모르는 사람이라도 이런 정보를 보면 대충 어떤 사람인지 짐작할 수 있어. 그 사람의 친구까지 살펴보면 신뢰할 사람인지 아닌지 더 확실하게 가늠해 볼 수 있고. 그러니 SNS 사용이 늘어나면서 사람들이 온라인에서의 이미지나 평판에 신경을 쓰게 된 거지.

2008년 페이스북 계정은 1억 개였는데, 2010년에는 5억 개로 늘어났어. 현재(2020년 기준) 페이스북 계정은 27억 개이

고, 그중 개인 계정이 18억 개에 이른다고 해. 어마어마하지?

현우 한 다리 건너면 아는 사이라는 말이 실감 나.

신기 그건 좀 과장된 말이고. 아무튼 낯선 사람이라도 마음만 먹으면 어떤 사람인지 알아볼 수 있는 세상인 건 틀림없어.

온라인에서 신뢰의 가치가 서로를 연결하는 수단이라는 걸 보여 줄게. 에어비앤비에 다시 접속할 테니 로그인 방식을 봐. 이메일 주소나 전화번호, 또는 페이스북이나 구글 계정으로 로그인할 수 있어. 2008년부터 페이스북은 사용자가 다른 플랫폼들을 통해 거래할 때 페이스북 프로필 정보를 활용할 수 있게 했어. 페이스북이 만들어 낸 신뢰의 가치를 다른 플랫폼들도 이용할 수 있게 한 거야.

현우 보이지 않는 세상이 움직이는 원리구나.

신기 브라이언 체스키가 에어비앤비를 세우기 전 할아버지와 어머니에게 사업 계획을 알려 주었더니, 어머니는 펄쩍 뛰었대. 자기 집에 낯선 사람을 묵게 하는 건 미친 짓이라고. 하지만 할아버지는 괜찮은 아이디어라고 격려했다는 거야.

쇼미 왜 반응이 달랐지?

신기 낯선 사람에게 경계심을 느끼는 정도는 자신의 경험에 따라 다른데, 두 분이 어린 시절에 경험했던 문화가 달랐거든. 할아버지는 20세기 초반에 어린 시절을 보냈어. 생활 도구를 이웃집에서 잠시 빌려다 사용하고, 이웃과 음식도 나누어 먹고, 힘든 일은 서로 도와서 하는 등 사람들이 물건이나 시간을 나누는 걸 보면서 자랐어. 모르는 사람이 사는 집의 문을 두드려 잠자리를 구하며 미국 횡단 여행을 했던 경험도 있고. 하지만 어머니는 1950년대의 달라진 문화 속에서 어린 시절을 보냈지. 필요한 모든 것은 사서 소유하고, 자기가 가진 물건을 통해서 부를 과시하는 문화가 자리 잡던 시기였어. 자기 차로 이동해 호텔에서 묵으면서 여행했고. 공유의 경험이 적던 어머니는 낯선 사람에 대한 경계심이 클 수밖에 없었을 거야.

현우 그런데 공유경제로 다시 낯선 사람과의 공유를 자연스럽게 받아들이는 세상이 되었구나.

신기 옛날의 공유는 돈을 주고받지 않았지만, 21세기의 공유경제는 재화나 서비스의 가치에 합당한 돈이 오고 가는 새로운 경제활동 방식이야. 돈은 더 편하고 쉬운 거래를 위해 만들어진 교환의 중개 수단이지. 공유가 무료 나눔으로만 이루어졌다면 공유경제는 지금처럼 성장할 수 없었어. 돈이 중개 역할을 하면서 거래를 활발하게 만들었던 거야. 하지만 개인 간 장터에서 교환의 중개 수단을 돈이라고만 할 수 있을까? 난 신뢰도 교환의 중개 수단이라고 봐. 모르는 사람에 대한 신뢰가 없다면 거래가 이루어질 수 없을 테니까.

무엇보다 공유경제가 한 가장 큰 공헌은 체스키의 할아버지가 어린 시절에 경험했던, 다른 사람을 신뢰하고 나누는 문화를 되살린 것이라고 생각해. 공유경제를 체험한 사람들은 무료로 나누는 일에도 기꺼이 나서거든. 나눔 문화가 살아난 좋은 예를 들려줄까? 2012년 10월 북대서양 사상 최대 규모였던 허리케인 샌디가 미국 동부 해안을 덮쳐서 수만 명이 집을 잃었어. 이때 에어비앤비 집주인 1400명이 이재민들에게 무료로 집을 빌려주었어. 에어비앤비 프로그램 기술자들은, 집주인 회원이 무료로 집을 빌려주기를 원할 때 중개수수료를 0퍼센트가 되도록 코드를 바꾸느라 밤새워 일했다지.

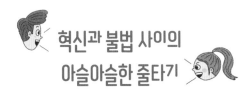

혁신과 불법 사이의 아슬아슬한 줄타기

신기 이제 공유경제를 좀 알 것 같아?

쇼미 대충 감이 잡혀. 알게 된 걸 정리해 볼게. 공유경제는 재화나 서비스를 여러 사람이 필요에 따라 함께 사용하는 경제활동 방식이야. 2000년대 후반 경제 침체로 주머니 사정이 팍팍

해진 사람들은 편리하고 만족감은 높지만 비용은 더 저렴한 공유경제에 관심을 갖게 되었어. 필요한 모든 것을 전부 사지 않아도 되니까 지구 환경을 걱정하는 사람들도 자원 낭비를 줄일 수 있어서 좋아했고. 다양한 숙소와 제품을 체험할 기회를 누릴 수 있어서 색다른 경험을 원하는 사람들도 좋아했어.

신기 공유경제의 성장이 가능했던 기술적인 배경은?

현우 정보통신 기술의 발전으로 언제 어디서나 연결이 가능한 사회가 되었고, 스마트폰의 등장으로 플랫폼을 통해 즉시 예약하고 결제할 수 있는 거래 환경이 만들어졌어.

신기 우아, 감동이다. 둘 다 그동안 이야기한 걸 제대로 기억하고 있구나.

쇼미 공유경제에 관심이 생기니까 공유경제 이야기를 놓치지 않게 되더라고. 한 가지 의아한 건 모든 사람이 공유경제를 좋아할 거라고 생각했는데, 그게 아니야. 규제를 풀어서 공유경제를 성장시켜야 한다는 말도 들리지만, 안 된다고 반대하는 의견도 있던데. 공유경제가 성장하면 소비자의 효용은 커지는데 왜 논란이 생기지?

신기 공유경제가 지역 공동체 안에서 소소하게 이루어지면서 현실에 맞는 법규나 제도가 정비되며 차근차근 성장했다면 논란이 크지 않았을 거야. 그런데 공유경제 기업으로 투자가 몰리며 공유경제 시장은 엄청난 속도로 성장했지. 그래서 같은 분야의 기존 산업과 정면충돌이 벌어졌어. 뿐만 아니라 공유 경제를 돈벌이 수단으로 악용하는 일도 심심치 않게 일어나 공유경제를 비난하는 사람도 생겨났고. 플랫폼 기업들이 국 경을 넘어 세계 시장으로 진출하면서 이런 충돌은 세계 곳곳 에서 벌어졌어. 한국에서도 차량 공유 시장을 놓고 혁신과 불 법이라는 논란에 휩싸였지.

현우 공급자는 새로운 돈벌이 기회를 얻고, 수요자는 더 큰 경제적 효용과 다양한 경험을 누리고, 자원 절약으로 환경 보호 효과 까지 생기면 엄청난 혁신이지, 웬 불법? 개인과 개인 사이에 서 소소하게 거래하는데, 아무나 마음대로 하면 안 돼?

신기 아무리 좋은 가치를 지녔다고 해도 법에서 허용하는 범위를 벗어나면 불법이야. 한국에서는 도시민박업이나 농어촌민박 업 허가를 받고 자기 집을 에어비앤비 숙소로 등록한 후 자 기가 살고 있는 집의 빈 공간만 1년에 180일 이내로 빌려줄 수 있어. 그러니까 자기가 살지 않는 오피스텔이나 아파트를 여행자가 단독으로 사용하도록 빌려주는 건 불법이지.

쇼미 브뤼셀에서 묵었던 에어비앤비는 집주인은 1층에서 살고, 우 리 방은 2층에 있었잖아. 브뤼셀에서도 에어비앤비를 통해 집을 빌려주는 데 제한이 있을까?

신기 아마 있을걸. 규정을 확인해 볼게. 한국과 마찬가지로 자기가 살고 있는 집의 빈 공간만 빌려줄 수 있구나. 집주인이 빌려줄 수 있는 방은 5개 이하이고, 하루에 15명 이하의 여행자만 묵게 할 수 있어. 에어비앤비가 성장하면서 생길 수 있는 기존 숙박 산업의 반발을 줄이기 위해 이런 제한 규정이 생긴 거지.

쇼미 공유경제 거래도 법을 지키며 해야 하는 거구나.

신기 거래가 합법적으로 일어나더라도 기존 산업의 피해가 크면 대항하기 마련이라 충돌이 생겨.《시상과 가격 쏨 아는 10대》에서 수요에 영향을 주는 요인 중의 하나로 대체재 또는 보완재의 가격을 꼽았던 걸 기억하니?

에어비앤비 숙소는 호텔과 같은 기존 숙박업체 숙소의 대체재야. 뿐만 아니라 에어비앤비와 가격 경쟁이 벌어지면 이윤 폭이 줄어드니까 기존 숙박업체 입장에서는 에어비앤비가 껄끄러운 존재야. 여행자가 늘어서 경영에 타격이 없으면 괜찮지만 그렇지 않다면 충돌이 벌어질 수밖에 없어.

주민들이 달갑지 않은 피해를 당하기도 해.

〈 브뤼셀 집주인

총 18명인데 예약이 가능할까요?

브뤼셀 집주인
죄송해요. 하루 15명 이하만 묵을 수 있어요. 법을 지켜야 하거든요.

2020년 3월 세계 사회과학 분야 학술논문 데이터베이스인 사회과학연구네트워크(SSRN; Social Science Research Network)를 통해 발표된 자료에 따르면, 에어비앤비에 등록하는 집이 10퍼센트 늘어나면 월세는 0.18퍼센트, 집값은 0.26퍼센트 늘어난다고 해. 에어비앤비 공급자가 되려고 집을 사거나 빌리는 수요가 생겨서 부동산 가격이 올라간 거지.

현우 엄청나게 오른 것도 아닌데, 피해라고 하는 건 좀 심하다.

신기 평균 수치만 보면 그렇게 말할 수 있는데, 뉴욕처럼 등록이 많은 도시에서는 에어비앤비로 인한 젠트리피케이션이 생겼다는 기사를 읽은 적이 있어. 올라간 월세를 감당하지 못해서 이사 가는 사람들이 제법 있다는 거야. 주택가 에어비앤비에서 묵으며 마음대로 행동하는 여행자들로 인해 생활환경이 나빠졌다고 주민들이 항의하는 일도 생기고.

현우 부모님이 '타다'가 멈추어서 아쉽다고 하신 적이 있어. '타다'가 멈춘 것도 공유경제와 기존 산업과의 충돌이야?

신기 에어비앤비의 예로 불법에 대한 설명을 했지만, 사실 기존 산업과 충돌을 가장 많이 일으킨 기업은 우버야. 왜 우버가 더 많은 충돌을 일으켰는지 이해하려면 공유경제로 인해 만들어지는 가치와 파괴되는 가치를 먼저 알아야 하는데…. 휴, 설명하려면 길어.

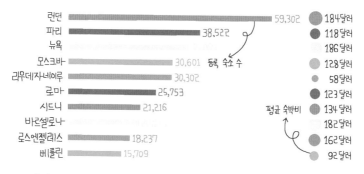

| 세계 주요 도시 에어비앤비 등록 숙소 수 및 평균 숙박비(2018년 8월 기준) |

우선 공유경제의 성장에 대한 내용을 마무리하게 우버화로 인해 생긴 새로운 경제 형태에 대한 이야기로 넘어갈게.

쇼미 우버화는 또 뭐야? 우버를 따라 하는 어떤 현상 같은데.

신기 맞아. 우버화는 우버 플랫폼에서 차량과 승객이 바로 거래하는 것처럼 플랫폼을 통해 공급자와 수요자가 재화나 서비스를 거래하는 걸 말해. 돈 냄새 잘 맡는 벤처캐피탈 기업이 공유경제에 투자를 늘리자 공유경제 온라인 플랫폼은 우후죽순처럼 생겨났어. 그러자 공유경제가 아닌 분야에서도 온라인 플랫폼 만들기 열풍이 불었고. 온라인 플랫폼을 통한 거래가 많아지면서 경제활동 방식에는 큰 변화가 일어났어. 공유경제로 인해 우버화가 생겨났고, 우버화가 활발해지면서 새로운 경제 형태들이 등장한 거지.

경제를 새롭게,
공유경제의 잠재력

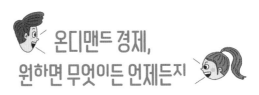

온디맨드 경제,
원하면 무엇이든 언제든지

신기 쇼미가 이런 말을 했지? 공유경제를 알기 전에는 사고파는 거래의 공급자는 무조건 기업이고, 수요자는 개인이라고 생각했다고. 맞아. 예전에는 기업이 개발한 재화나 서비스를 시장에 내놓으면 사람들은 그중에서 원하는 것을 선택해 구매했어. 공급자인 기업이 시장을 주도했던 거야. 그런데 온라인 플랫폼을 통해서 수요자가 원하는 걸 쉽게 파악할 수 있게 되자 수요자의 다양한 취향에 맞춘 재화와 서비스의 생산이 늘어났어. 시장이 공급자 중심에서 수요자 중심으로 바뀐 거지. 그러면서 온디맨드(On Demand) 경제가 탄생했어.

현우 온디맨드 경제?

신기 우리말로 바꾸면 주문형 경제인데, 온디맨드 경제라는 말이 더 많이 사용되고 있어.

공유가 없는 공유경제를 사업 모델로 내세우는 기업들이 많아지면서 공유경제의 범위가 모호해졌다고 했지? 뿐만 아니라 초기에는 공유경제 기업이었지만 수익을 늘리기 위해 다른 사업으로 영역을 넓히는 일도 잦아졌고. 우버가 음식 배달, 화물 운송, 빠른 배송 서비스를 하거나 에어비앤비가 호텔 예약 서비스, 임대용 아파트와 호텔을 직접 건설한 것처럼 말이야. 공유 소비를 통해서 자원 사용의 효율성을 높인다는 사업 모델을 벗어난 거지. 그러자 이런 기업은 공유경제 기업이 아니라 서비스 제공 방식에 맞추어 온디맨드 기업으로 분류해야 한다는 의견이 힘을 얻게 되었어.

온디맨드라는 말은 정보통신 분야에서 처음 사용되었어. 2002년 10월, 당시 IBM의 최고경영자였던 샘 팔미사노(Sam Palmisano)는 IBM은 컴퓨터와 전산장비 판매에서 한 걸음 더 나아가 기업의 특성을 고려한 경영 노하우와 기술까지 종합적으로 제공할 거라고 밝혔어. 그때 새로운 경영전략으로 내세운 게 온디맨드 컴퓨팅이야. 이는 전산 시스템인 하드웨어는 물론 서비스인 애플리케이션과 솔루션까지 소비자가 원하는 대로 골라 쓰게 하겠다는 전략이지. 이 말이 신선했는지 다른 분야로도 퍼져서 수요자가 주문하면 무엇이든지 바로 제공한다는 의미가 된 거야.

쇼미 예전에도 기업이 주문을 받으면 재화나 서비스를 제공했는데, 뭐가 달라진 거야?

신기 어떻게 설명해야 하나. 아하, 영화 〈알라딘〉! 만약 영화 속에 나오는 물건 중 하나를 가질 수 있다면 무얼 가질래?

현우 요술램프.

쇼미 나도 요술램프. 요술램프를 문지르면 지니가 바로 나타나 소원을 들어주잖아.

신기 나도 요술램프에 한 표! 영화에서는 세 가지 소원만 말할 수 있지만 원래 이야기에서는 소원을 말하는 횟수의 제한이 없어. 그런 요술램프면 더 좋은데. 그런데 Demand가 무슨 뜻인지 알아?

현우 그 정도야 알지. 강력하게 요구하다.

신기 그렇다면 'on demand'라는 숙어는?

쇼미 '요구만 하면 언제든지'로 알고 있는데.

신기 맞아. 그런데 경제용어로 demand는《시장과 가격 쫌 아는 10대》에서 지겹도록 들었던 '수요'야. 그러니까 경제용어로 온디맨드는 수요가 모든 것을 결정하는 시스템을 뜻하지.

현우 그게 요술램프와 무슨 상관이야?

작곡 프로그램을 만들어 줘!

원하는 건 뭐든
만들어 드려야지요!

ON DEMAND
요구만 하면 언제 돈지!

신기 온디맨드 경제의 거래 방식은 알라딘

이 요술램프를 통해 원하는 걸 얻는 것과

비슷하거든. 알라딘이 요술램프를 문지르면

지니가 원하는 건 무엇이든 바로 해 주듯이, 온디맨드 경

제는 기업이 수요자가 원하는 걸 주문하면 바로 대응해서 재화나

서비스를 제공하는 경제활동이나 전략을 말해. 공짜가 아니라서 수요자가 비용을 지불한다는 점은 다르지만 말이야.

기업이 공급자가 되어 시장을 이끌어 나갈 때 기업의 역할은 재화나 서비스를 생산하여 시장에 공급하는 거야. 그런데 우버화로 생긴 온디맨드 경제에서 기업의 역할은 달라졌어. 플랫폼을 통해 공급자와 수요자를 연결해 주고, 이 둘 간의 거래가 원활하게 이루어지도록 서비스의 질을 관리하는 거지.

현우 음식 배달 앱으로 주문하는 것도 온디맨드 경제야?

신기 물론이지. 전에는 배달 음식의 종류가 제한되어 있어서 먹고 싶은 음식을 제공하는 음식점을 찾아가야 했어. 배달 음식을 주문할 때도 일일이 전화번호를 알아내어 직접 전화를 걸어야 했고.

쇼미 그런데 배달 음식 플랫폼이 생기며 배달되는 음식 종류가 다양해졌고, 쉽고 빠르게 주문하게 되었어. 세상에 공짜는 없으니까 배달요금은 내야 하지만 말이야.

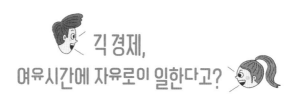

긱 경제, 여유시간에 자유로이 일한다고?

쇼미 공유경제 기업이든 온디맨드 기업이든 온라인 플랫폼은 많아질수록 좋은 게 아닌가? 쉽고 편리하고 저렴하게 거래할 수 있으니까 말이야. 우버화로 온라인 플랫폼이 늘어났다면, 공유경제가 좋은 변화를 이끌어 냈다는 생각이 드는데.

신기 땡! 이번에도 반은 맞고, 반은 틀렸어. 우버나 태스크래빗 같은 플랫폼을 통해 일거리를 구하는 플랫폼 노동자가 늘면서 긱(Gig) 경제가 커지게 되었거든. 사람들이 직장이 없는 시대가 올 거라고 불안하게 느낄 정도로 말이야.

쇼미 아이고, 머리 아파. 긱 경제는 또 뭐야?

현우 직장이 없는 시대가 오면 일할 곳이 없어져? 그럼 우리는 어떻게 돈을 벌어?

신기 긱은 단기간 임시로 하는 일이야. '긱 노동자'는 프리랜서나 계약직 또는 임시직으로 일하는 사람들이고. 긱은 원래 1920년대 미국의 재즈 공연장에서 하룻밤만 계약한 연주자들이 하는 연주를 일컫는 음악 용어였어. 그런데 플랫폼 노동자가 늘어나자, 2015년 세계적인 컨설팅기업인 맥킨지 회사

(Mckinsey & Company)는 긱을 '계약에 따라 디지털 노동시장에서 이루어지는 노동'으로 정의했어. 그래서 긱 경제는 기업들이 필요에 따라 계약직이나 임시직으로 사람을 뽑아서 일을 시키는 형태의 경제를 뜻하게 된 거야. 개인들 입장에서는 어딘가에 고용되어 있지 않고 필요할 때 일시적으로 일을 하는 거지.

현우 아예 일을 못 하는 건 아니고 메뚜기처럼 이곳저곳 옮겨 다니며 일하는 거구나.

신기 공유경제가 관심을 끌게 된 시기는 2008년 세계 금융위기로 경제가 침체되어 실업자가 늘어나던 때였어. 시간이 남고 돈은 부족한 사람들에게 우버의 운전기사 일이나 태스크래빗에서 구한 단기간 아르바이트는 가뭄의 단비와 같았지. 에어비앤비를 통해 여행객을 받고 돈을 벌 수 있는 것도 감사했

고. 힘 쁜이 아쉬운 사람들에게 공유경제 플랫폼은 정말 고마운 선물이었어.

현우 공유경제 붐이 일면서 더 많은 사람이 쉽게 일거리를 찾을 수 있었으니까 좋은 거지, 왜 반은 틀린 거야?

신기 우버는 직접 택시 서비스를 제공하고 택시요금을 받는 게 아니고, 플랫폼을 통해 운전기사와 승객을 연결해 주고 중개 수수료를 받는 기업이야. 우버는 운전기사를 모집하면서 여유 시간에 자유로이 일할 수 있다고 홍보했어. "우버의 파트너 운전기사가 되고 싶나요? 우버에서는 당신이 당신의 상사입니다(Do you want to become an Uber partner-driver? With Uber, you are your own boss)." 광고 문구처럼 택시 서비스를 제공하는 운전기사들은 우버에서 고용한 노동자가 아니고, 계약을 맺고 독립적으로 일하는 1인 자영업자야.

쇼미 택시회사에서 일하는 운전기사는 노동자이고, 우버의 운전기사는 자영업자라는 거지? 노동자와 자영업자의 차이점은 뭐야?

신기 노동자는 대기업, 중소기업, 음식점이나 슈퍼마켓 등 다른 사람이 경영하는 사업장에서 임금을 받고 일하는 사람이야. 근로자라고도 해. 자영업자는 혼자 또는 가족이나 다른 동업자와 함께하거나, 임금을 주는 노동자를 고용하여 자기 사업체를 경영하는 사람이고. 치킨집 주인, 시장 상인, 동네 병원 의사 등 직업과 상관없이 스스로 사업체를 꾸려 나가는 사람은 모두 자영업자야.

현우 에이, 뭘 그렇게 어렵게 설명해. 노동자는 직원, 자영업자는 사장이구먼. 우버의 운전기사는 직원이 자기뿐인 사장인 거지.

신기 하하, 현우 설명이 아주 쉽다. 아무튼 자동차와 운전기사도 없는 우버를 통해 택시 서비스가 이루어지자 사람들은 깜짝 놀랐어. 우버가, 서비스를 제공하려면 이를 위한 시설과 직원을 갖추어야 한다는 고정관념을 깨 버린 거지. 그러자 우버를 따라 하는 다양한 플랫폼이 만들어졌어. 그 결과 플랫폼 기업과 계약을 맺고 일하는 플랫폼 노동자들이 엄청나게 늘어나게 되었고.

쇼미 아버지가 월급쟁이를 그만두고 치킨집이라도 열어서 자유롭

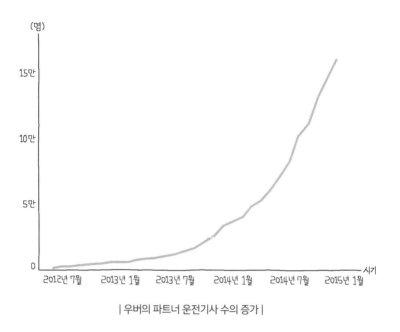

| 우버의 파트너 운전기사 수의 증가 |

우버가 처음 만들어졌을 때, 우버의 운전기사들은 여유시간에 용돈벌이를 하려는 사람들이었어. 2015년 미국 내 우버의 운전기사는 15만 명을 넘었는데, 이제는 우버를 통한 운전이 용돈벌이가 아니라 생계 수단인 운전기사가 많아졌지.

게 일하고 싶다고 하실 때가 있어. 필요한 만큼 돈을 벌 수 있으면 자유로이 일하는 플랫폼 노동자가 훨씬 좋을 것 같은데.

신기 우버 운전기사 중에 전에는 운전으로 돈을 벌어 본 적이 없는 사람이 전체의 반이고, 50세 이상 운전기사가 전체의 25퍼센트야. 미국 인구의 72퍼센트를 차지하는 백인 운전기사의 비율은 37퍼센트이고, 인구의 5퍼센트 미만인 아시아계 사람이 15퍼센트를 차지해. 이를 통해 긱 경제로 전업주부나 은퇴자, 이민자 등 일거리를 찾기 힘들던 계층이 다시 일할 기회를 갖게 된 걸 알 수 있지.

그런데 문제는 플랫폼 노동자는 노동자가 아니라서 노동법의 보호를 받을 수 없다는 점이야. 플랫폼 노동자의 출퇴근 시간, 일하는 시간과 장소 등은 플랫폼 기업이 결정해. 자유롭게 일하는 게 아니라 사실은 고용된 직원이나 마찬가지로 플랫폼 기업의 통제를 받으며 일해. 하지만 노동법의 보호를 받을 수 없어서 노동자의 권리를 누릴 수 없어. 몸이 아파서 일을 못하면 소득이 없어지고, 일을 하다가 사고를 당해도 보상을 받을 수 없는 거지. 기업이 일부 부담하는 연금이나 건강보험의 혜택은 물론 받지 못하고, 일하는 데 필요한 도구나 소모품도 자기 부담으로 사야 해.

우버 운전기사의 돈벌이는 최저임금에도 미치지 못한다는 뉴스를 들은 적이 있어. 플랫폼 노동자에게는 근로시간이나 최저임금 등 노동자 보호를 위해 만들어진 규정들이 적용되지 않아서 이런 일이 일어나는 거야.

현우 한국에도 플랫폼 노동자가 있어?

신기 있고말고. 음식 배달 앱을 사용한다고 했지? 음식을 배달해 주는 라이더는 물론이고 가사도우미, 간병인, 대리운전기사, 청소원 등 플랫폼 기업과 계약을 맺고 일하는 플랫폼 노동자들이 제법 있어.

쇼미 미국처럼 한국의 플랫폼 노동자도 법의 보호를 받지 못해?

신기 한국에서도 플랫폼 노동자에게는 노동법이 적용되지 않거든.

현우 플랫폼 노동자가 계속 늘어나는 추세라면 보호를 받을 수 있도록 대책을 세워야겠다.

신기 세상이 워낙 빨리 바뀌니까 제도나 법규가 변화의 속도를 따라가지 못하는 일이 자주 생겨. 공유경제로 인해 온디맨드 경제나 긱 경제가 이렇게 커지리라고 예측하지 못했거든. 그런데 긱 경제로 인한 고용 불안이 커지자 공유경제에 대한 논란이 커지고 심지어 비난을 받기도 해. 우버는 이제 공유경제 기업이 아니라 온디맨드 기업이라 해야 하지만, 아직도 '우버=공유경제'라고 생각하는 사람들이 많거든.

다행히 2020년부터 미국 캘리포니아주에서, 플랫폼 기업에 노동력을 제공하는 사람들은 회사 직원과 같은 대우를 해 주어야 한다는 플랫폼 노동자 보호법이 효력을 발휘했어. 이를 계기로 한국을 비롯한 여러 나라에서 플랫폼 노동자를 위한 법이나 제도를 마련하려는 움직임이 일고 있어. 이런 움직임이 빨리 결실을 맺어 플랫폼 노동자가 안심하고 일할 수 있으면 좋겠어. 그래야 공유경제도 불필요한 논란에 휩싸이지 않고 계속 성장할 수 있을 테니까 말이야.

플랫폼 노동자들의 불공정한 대우를 고쳐야 한다는 소리가 높아지니까 이들의 노동력을 중개해 주는 플랫폼 기업들도 긴장하는 것 같아. 2020년 우버와 리프트 등 차량 공유 서비스 기업들과 도어대시(DoorDash)를 포함한 음식 배달 서비스 기업들이 코비드19 확진 판정을 받은 서비스 공급자들에게 하루 평균 수입의 14일치에 해당하는 돈을 지급한 걸 보면 말이야.

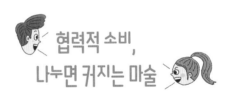

협력적 소비, 나누면 커지는 마술

신기 희망적이고 가치 있는 말을 하려면 기분이 좋지? 지금 내가 그래. 협력적 소비(Collaborative consumption) 이야기를 하려니까 마냥 기분이 좋아지네.

협력적 소비의 대표 전도사는 영국 옥스퍼드대학교 경영대

학원 초빙교수 레이철 보츠만(Rachel Botsman)이야. 바로 내

롤 모델! 난 TED 강의 듣기를 좋아해. 영어 듣기 실력을 기

르고 여러 분야의 지식도 얻을 수 있으니 일석이조거든. 보

츠만은 2010년 오스트레일리아 시드니에서 DVD 물물교환

경험담을 들려주며 협력적 소비에 대한 TED 강의[*]를 했어.

내가 그 영상을 보고 보츠만에게 푹 빠져 버렸지. 강의 내용

도 좋았지만 에너지 넘치는 몸짓과 확신에 찬 표정에 반해

버렸거든. 내용을 외울 정도로 반복해서 강의를 들었는데, 공

유경제에 대한 관심도 그때 생긴 거야.

현우 협력적 소비 강의를 들었는데 왜 공유경제에 관심이 생겼어?

신기 협력적 소비는 공유경제보다 폭이 더 넓은 개념이야. 내게 필

요 없는 것을 남에게 주거나 빌려주고, 내가 필요한 것을 공

짜로 받거나 빌려서 사용하는 소비 형태를 말해. '아나바다'

가 뭔지 알지?

현우 **아**껴 쓰고 **나**눠 쓰고 **바**꿔 쓰고 **다**시 쓰자. 학교에서도 그렇

고 자원 절약과 지구 환경 보호 이야기가 나올 때마다 귀가

아프게 들었어.

신기 협력적 소비는 공유경제와 아나바다를 합친 개념이라고 보

[*] http://www.ted.com/talks/lang/ko/rachel_botsman_the_case_for_collaborative_consumption.html

면 돼. 서로 믿고 나누는 모든 소비활동을 뜻하니까. 레이철 보츠만은 예전부터 이루어졌던 물물교환, 거래, 맞바꾸기, 함께 사용하기 등이 역동적이고 매력적인 형태로 진화하면서 '내 것이 네 것(What's mine is yours)'인 경제가 만들어지고 있다고 했어.

협력적 소비를 세 가지 관점으로 요약해서 말해 볼게. 첫째, 재분배 시장이 커진다. 제품의 수명을 늘리고 쓰레기를 줄여주는 5R, 줄이고(Reduce), 다시 사용하고(Reuse), 재활용하고(Recycle), 고치고(Repair), 재분배하는(Redistribute) 활동이 늘어나는 거지.

쇼미 아나바다의 생활화라고 할 수 있네.

신기 둘째, 협력적 생활방식이 자리 잡는다. 사람들이 일상적으로 코워킹, 카우치서핑, 타임뱅크스(TimeBanks) 같은 말을 사용하게 되는 거야. 공간, 기술, 시간 등 모든 자원의 공유가 활발해지면 그렇게 되겠지?

현우 타임뱅크스는 처음 듣는데.

신기 1995년 미국 사회운동가 에드거 칸(Edgar S. Cahn) 박사가 만든 단체야. 심장질환을 앓던 칸 박사는 회복기에 하루에 두 시간만 일하라는 말을 들으며 시간을 거래한다는 아이디어가 떠올랐대.

현우 시간을 거래한다고? 어떻게 하는 건데?

신기 지역 공동체 안에서 누군가 이웃을 위해 일하고 이를 돈이 아니라 시간 가치로 받아서 저축을 해. 그런데 이 사람도 도움이 필요할 때가 올 거 아니야. 그럴 때 저축된 시간만큼 다른 사람의 도움을 청할 수 있는 시스템이지. 세상에 필요 없는 사람은 없고, 우리는 서로를 필요로 한다는 정신을 실천하는 운동이야. 그래서 의사의 진료든 강아지와 하는 산책이든 일의 전문성과 상관없이, 일을 해 수고 받게 되는 시간 가치는 똑같아.

쇼미 그게 어떤 일이든 도움을 준 시간을 따져서 가치를 매긴다는 거네. 좋은 말인데, 너무 이상적이다.

신기 보츠만은 소유를 통해 자기를 과시하려는 사람들이 많아지면서 '나'의 문화가 생겼는데, 차츰 사회는 브라이언 체스키의 할아버지 시대를 지배했던 '우리'의 문화로 옮겨 가고 있다고 보았어. '우리'를 중시하는 문화가 '나'를 중시하는 문화를 넘어서면서 나눔과 협력의 경제활동인 협력적 소비가 늘어날 거라고 보았지. 아무튼 지켜보자고. 다른 사람보다 먼저 변화에 동참하면 더 좋고.

현우 세 번째 관점은 뭐야?

신기 셋째는 제품-서비스 통합 시스템의 변화야. 상품 자체가 아

니라 상품의 효용에 대해 돈을 지불한다는 개념이야. 상품은 소유가 아니라 사용의 대상이 되는 거지.

현우 공유경제에서 많이 듣던 말이군.

신기 협력적 소비 시대에는 개인의 신용과 평판의 중요성이 더 커진다는 말도 했어. 공유경제 기업들이 거대해지면서 공유의 가치보다 기업의 이익을 우선으로 하게 된 걸 보면 공유경제의 미래에 대한 의구심이 들기도 해. 하지만 협력적 소비가 뿌리내린다면 이를 이끌어 낸 공유경제는 대단히 큰일을 했다고 봐.

협력적 소비는 나누면 커지는 마술이야. 어느 집이나 사용하지 않지만 버리지 못하는 물건들이 제법 있어. 이런 물건들이 새 주인을 찾아 다시 사용되면 새로운 가치가 생겨나잖아. 나와 친구가 소비 방식을 같이하며 다른 사람의 소비를 바꾸게 되면 세상을 바꿀 수 있어. 난 협력적 소비를 실천하면서 주위 사람들에게도 권하는 리더슈머(leadersumer)가 될 거야.

쇼미 리더슈머가 뭔데?

신기 리더(leader)와 컨슈머(consumer)가 합쳐져 생긴 말. 다른 사람들에게 영향을 주는 건전한 소비를 하는 사람이야.

현우 좋았어. 나도 협력적 소비에 앞장서는 리더슈머가 될게.

신기 말이 나온 김에 나의 협력적 소비 경험도 들려줄까? 내가 낭 근마켓에서 돌벼루를 사서 할아버지께 드린 일.

쇼미 당근마켓? 당근 파는 시장에서 돌벼루를 산 건 아닐 테고.

신기 '**당신 근처의 마켓**'을 줄인 말이야. 2015년 '판교장터'라는 이름으로 선을 보였던 중고물품 거래 서비스 플랫폼으로, 2020년 4월 월 사용자 수 700만 명에 달할 정도로 관심이 뜨거워. 지난해 중국 출장 갈 때 할아버지를 위해 돌벼루를 사려고 했어. 한국보다 가격이 저렴하다고 들었거든. 그런데 벼루 가게에 가 보니 싸다는 느낌이 들지 않더라고. 그때 이런 생각이 든 거야. '돌벼루는 서예가에게는 필수품이지만 대부분의 사람은 있어도 사용하지 않을 거야. 혹시 중고로 팔려고 내놓은 벼루가 있지 않을까?'

그래서 출장에서 돌아와 당근마켓에 회원 가입을 하고, 키워드 등록을 하고, 마음에 드는 벼루가 나오기를 기다렸지. 간간이 알림이 와서 기쁜 마음으로 확인하면 원하는 벼루가 아니어서 실망도 많이 했지. 한 달이 지나도 소득이 없자 꺼진 불도 다시 보자는 마음으로 팔리지 않은 벼루들을 꼼꼼히 다시 살펴보았어. 그런데 크기를 밝히지 않아 지나쳤던 돌벼루 하나가 눈에 들어오는 거야. 채팅으로 물어보니까 원래 사려던 것보다 조금 컸지만, 사기로 결정했어. 그런데 실제로 받아 보니 사진으로 볼 때보다 훨씬 좋았지 뭐야. 할아버지께서도 귀한 벼루라고 아주 좋아하셨어.

현우 후기는 남겼어?

신기 공유경제의 교환 수단인 신뢰를 키우는 일인데 지나치면 안 되지. 만족한 거래를 했으니까 가장 높은 점수를 주고, 판매자에게 감사하다는 메시지도 보냈어. 당근마켓에는 돈을 주고받는 거래만이 아니라 '무료 나눔'으로 준다는 물건도 심심지 않게 올라와.

쇼미 생활에 도움이 되는 좋은 정보, 감사합니당.

신기 아유, 벌써 시간이 이렇게 됐구나. 아무래도 한 번 더 만나야겠지? 다음 만날 장소와 시간은 카톡으로 정하자.

6

가슴으로 여는
공유경제의 미래

창조하는 가치 > 파괴되는 가치

쇼미 안녕! 또 2주 만에 다시 만났네. 현우는 좀 야윈 것 같아.

현우 잠이 부족해서 그런가?

쇼미 왜 잠이 부족해?

현우 공유경제 생각이 자나 깨나 떠나지 않아서 잠을 설쳤거든.

신기 무슨 소리야? 공유경제 생각으로 잠을 이루지 못하다니.

현우 공유경제 사업 구상을 하느라고. 이 아이템이 좋을까, 저 아이템이 좋을까. 이런 기업을 세웠다, 저런 기업을 세웠다. 머릿속으로 세운 기업이 100개는 될걸.

신기 내가 너무 공유경제의 장점과 공유 기업의 성공만 드러나게 이야기를 했나? 부스러기 경제라는 비난을 들을 정도로 반감도 커서 앞으로 가시밭길을 걷게 될 수도 있어.

쇼미 부스러기 경제라니?

신기 빌 클린턴이 미국 대통령이던 시절 당시 노동부장관 UC버클리 정책대학원 로버트 라이시(Robert B. Reich) 교수는 2015년 2월 자신의 블로그에 공유경제를 비판하는 글을 올렸어. 공유경제를 '부스러기를 나누는 경제(share-the-scraps economy)'라면서. 목돈은 공유경제 기업들이 가져가고, 플랫폼 노동자들

에게는 푼돈(scraps)만 돌아가는 현상을 비꼬아 말한 거야. 이런 현상은 공유경제 기업들이 공유를 버리고 기업의 이익을 앞세우며 일어났어. 엄밀하게 말하면 공유 없는 공유경제가 부스러기를 나누는 경제인 거지. 아무튼 공유경제는 참여자 모두를 행복하게 할 수 있고, 만들어지는 가치가 파괴되는 가치보다 훨씬 커야지 지속적으로 성장할 수 있을 거야.

현우 지난번에 우버가 기존 사업과 충돌이 가장 컸던 이유를 이해하려면 공유경제로 인해 만들어지는 가치와 파괴되는 가치를 먼저 알아야 한다고 누나가 그랬잖아? 지금도 만들어지는 가치와 파괴되는 가치를 말했는데, 무엇이 만들어지는 가치고 파괴되는 가치인지 모르겠어. 그것부터 알고 넘어가자.

신기 만들어지는 가치는 이미 알고 있을 거야. 우버를 예로 들게. 우버의 운전기사는 여유시간에 자기 차를 이용하여 새로운 소득을 얻을 수 있고, 승객은 편리하고 저렴한 가격으로 이동할 수 있는 새로운 교통수단이 생겨서 기존 시장에 없던 새로운 거래가 생겨났어. 그게 바로 만들어지는 가치야.

그런데 공유 거래가 기존에 이루어졌던 택시 서비스를 대신했다면 파괴되는 가치가 생긴 거야. 말하자면 차량 공유 서비스로 인해 택시 운전기사의 소득이 줄어들었으면 감소한 소득만큼이 파괴되는 가치인 셈이지. 샌프란시스코는 택시

타기가 아주 불편한 도시였어. 그래서 샌프란시스코에서 이루어진 우버 서비스는 기존의 택시 시장을 빼앗지 않고 운송 시장을 키운 거라 파괴되는 가치는 거의 없었어.

쇼미 그런데 왜 다른 지역으로 진출하면서 곳곳에서 충돌이 벌어진 거야?

신기 우버는 사업을 키우기 위해 투자 받기를 원했고, 벤처캐피탈은 기업의 성장성과 수익성을 보고 투자를 해. 그래서 우버는 기업의 이익을 최우선으로 하는 경영을 했어. 이익을 늘리려면 공급자인 운전기사가 늘어나야 해. 이를 위해 우버는 운전기사를 모집할 때 자기 차가 없는 사람들에게 차량 할부 구입을 주선해 주기도 했어. 그러자 우버의 운전을 용돈벌이가 아닌 생계수단으로 하는 운전기사들이 생겨났어. 운송시장은 그대로인데 우버의 운전기사가 많아지면 기존의 택시 서비스와 경쟁이 벌어질 수밖에 없지. 우버가 진출하는 곳곳에서 기존 산업과 충돌이 벌어진 이유는, 기존의 택시 운전기사의 일자리를 위협하는 정도로 파괴되는 가치가 컸기 때문이야.

현우 택시회사들이 서비스를 개선하면서 경쟁을 벌여야지 우버를 반대하는 건 비겁한 것 아니야?

신기 2015년 폴란드에서 벌어진 우버 반대 시위를 찍은 사진을 봐. 택시 운전기사들이 "SAME RIDES, SAME RULES"를 외

2015년 폴란드에서 벌어진 우버 반대 시위.

치고 있지? 우버 서비스에 대해서 동일한 규제 적용을 하라고 시위하는 거야. 택시산업은 승객의 안전을 지키고 범죄의 위험을 막기 위해 운전기사의 자격을 제한하는 등 어느 나라에서나 여러 규제를 받고 있어. 이런 규제는 아무나 시장에 진출하지 못하게 하는 역할을 하지. 그런데 우버는 운송 서비스 기업이 아니라 정보기술 기업이라고 해서 택시회사들이 받는 규제를 받지 않았거든. 운전기사의 운전 실력이나 차량의 상태가 어떤지 알 수 없으니 안전 문제가 발생할 가능성이 있는데 말이야. 그러니까 힘들게 자격을 얻어서 규제를 받으며 일하는 택시 운전기사들은 화가 날 수밖에 없겠지?

폴란드뿐만 아니라 우버를 반대하는 택시 운전기사들의 시위는 우버가 진출하는 나라 곳곳에서 일어났어. 2017년 12월 유럽연합(EU) 최고법원인 유럽사법재판소(ECJ)는 스페인 바르셀로나의 택시기사협회의 소송으로 시작된 재판에서, 우버가 정보기술 기업이 아니라 운송 서비스 기업이고 택시 회사처럼 규제해야 한다고 판결했지.

현우 규제를 동일하게 적용하도록 해서 충돌이 끝났어?

신기 그렇지 않아. 탈 수 있는 차가 늘어나 공급이 많아지면 운송

우버 반대 택시기사 시위는 많은 나라에서
동시다발적으로 일어났다. 2015년 브라질의 모습.

서비스요금에서 경쟁이 벌어질 수밖에 없어. 경쟁자가 생기는 게 달갑지 않으니 택시회사들이 시장을 내주지 않으려는 저항은 계속될 거야.

쇼미 한국에서 '타다'가 멈춘 것도 이런 충돌의 하나인 거지?

신기 그렇지. 2018년 10월에 시작된 '타다' 서비스는 2019년 7월 가입자가 100만 명을 넘을 정도로 인기를 모았어. 요금은 택시요금보다 비쌌지만 서비스 질이 높아서 가성비가 떨어지지 않았거든. 하지만 2020년 3월 국회에서 흔히 '타다 금지법'이라고 부르는 여객자동차 운수사업법 개정안이 통과되면서 4월부터 서비스가 중단되었어. '타다'를 멈추게 한 가장 큰 이유는, 서비스 질과 별도로 '타다' 시장이 택시 시장과 겹쳐서 파괴하는 가치가 컸기 때문이지. '타다'가 택시 시장을 빼앗지 않으며 새로운 일터와 수익을 만들어 냈다면 누구도 반대하지 않았을 거야.

내가 공유경제 기업의 경영자라면 성장이 더디더라도 기존 산업과의 충돌을 줄이는 쪽을 택할 거야. 그런 의미에서 난 우버보다는 미국 2위의 차량 공유 기업인 리프트(Lyft)를 응원해. 공유가 살아 있는 공유경제 기업이라는 느낌이 들거든. 2012년 6월 샌프란시스코에 설립된 리프트는 2020년 현재 미국과 캐나다에서만 차량 공유 서비스를 제공하고 있어. 우버는 공격적인 경영으로 세계 곳곳에서 기존 산업과 끊임없이 충돌을 일으키는 데 비해 리프트는 파괴하는 가치를 줄이려고 노력해. 우버의 승객은 이동할 때 뒷자리에 앉아 있지만, 리프트의 승객은 운전기사와 주먹을 맞대며 인사를 나눈 뒤 앞자리에 앉아 이야기를 나누며 가. 사람들의 선택으로 10년 뒤 둘 중 하나만 살아남게 한다면, 우버와 리프트 중 누가 승자가 될까?

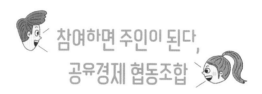

참여하면 주인이 된다, 공유경제 협동조합

현우 코비드19의 세계적 대유행으로 인해 공유를 꺼리게 되면 공유경제 기업은 큰 타격을 받을 거라는 말을 들었어.

신기 현우는 공유경제 이야기라면 모두 귀담아 듣는구나. 해외여행이 줄어들고, 안전을 우선으로 하는 생활 습관이 철저해질 테니 그런 예측을 하는 사람들이 있지. 아마도 우버나 에어비앤비처럼 거대한 기업들은 타격을 받을 거야. 하지만 난 앞으로 공유경제는 새로운 기회를 맞이하게 될 거라고 봐. 부스러기 경제가 아니라 공유의 장점을 제대로 살리며 전체 공유경

제 시장을 키우는 방향으로 나아갈 거라고 보거든. 내 확신을
뒷받침하는, 작지만 의미 있는 변화는 이미 시작되었어.

쇼미 어떤 변화인데?

신기 참여자 모두가 행복한 공유경제 협동조합이 속속 생겨나고,
공유경제의 걸림돌이 되는 규제가 풀리고, 지방자치단체에서
공유경제를 모델로 시민의 복지를 높이는 사업을 하는 등 희
망적인 변화들이 일어나고 있어. 하나하나 자세히 알려 줄게.

현우 와우, 좋아요!

신기 참여자 모두가 행복한 공유경제 협동조합 이야기부터 할게.
일자리 중개 서비스 플랫폼인 태스크래빗을 기억하지? 로코
노믹스(Loconomics)는 플랫폼 노동자가 기업의 주인인 태스
크래빗이라고 보면 돼. 로코노믹스는 2012년 샌프란시스코
에서 사회적 책임을 다하는 '착한 기업(benefit corporation)'으
로 태어났어. 그런데 2018년이 되어서야 정식으로 서비스를

시작할 수 있었어. 이렇게 준비 기간이 길어진 건 창립자인 죠슈아 다니엘슨(Joshua Danielson)이 기업을 경영할 때 부의 불평등을 늘리지 않겠다는 남다른 신념을 가졌기 때문이었어. 그는 일자리 중개 서비스 플랫폼들이 서비스요금의 엄청난 부분을 수수료로 챙긴다는 걸 알고 플랫폼 노동자가 제대로 대접받는 공유경제 플랫폼을 만들 생각을 했어. 이에 적합한 기업 형태는 협동조합이라는 걸 깨닫고 2014년 로코노믹스를 협동조합으로 바꾸었어.

쇼미 협동조합이 되면 뭐가 좋은데?

신기 '제스프리' 키위를 먹어 본 적 있지? 제스프리를 생산하는 '제스프리 인터내셔널'이 대표적인 생산자 협동조합이야. 1997년 뉴질랜드 2700명의 키위생산자들은 키위 마케팅과 수출을 위해 '제스프리 인터내셔널'을 설립했어. 조합원은 오직 키위생산자만 될 수 있고, 주식도 생산자들 사이에서만 사고

팔 수 있어. 경영은 3년마다 이사회가 뽑아서 임명한 최고경영자가 담당하고. 조합원이 납품한 모든 키위에는 제스프리 상표가 붙는데, 제스프리 키위의 수출금액은 전 세계 키위 수출금액의 70퍼센트에 이를 정도야. 조합원은 키위 판매대금뿐만 아니라 수출로 벌어들이는 이익의 일부도 배당금으로 받아.

죠슈아 다니엘슨은 이처럼 서비스 공급자들이 조합원이 되는 플랫폼 협동조합을 만들면 플랫폼 기업이 가져갔던 몫의 대부분이 모두 서비스 공급자들에게 돌아갈 수 있다고 판단한 거야. 다니엘슨은 플랫폼을 만들고 서비스 공급자가 될 조합원을 모으는 등 차근차근 준비를 했어. 벤처캐피탈의 투자를 받으면 부의 불평등을 늘리는 경영을 할 수밖에 없으므로 투자를 받지 않고 직원도 없이 일하다 보니 준비 기간이 오래 걸린 거야.

쇼미 정말 대단하다!

신기 2018년 1월, 죠슈아 다니엘슨은 공유경제 운동을 다루는 웹진 〈셰어러블(Shareable)〉과의 인터뷰에서 자신의 목표를 밝혔어. 첫째 목표는 우선 지속적인 경영이 가능할 만큼의 수익을 내고, 2000명의 조합원을 모으는 것이었어. 그러면 직원을 채용할 수 있고 해외 파트너를 찾아서 사업을 키울 능력도 갖추게 될 것이라고 했지. 2000명의 조합원이라니, 아주 소박하지?

현우 소박하지만 감동적이다.

신기 로코노믹스 같은 플랫폼 노동자 협동조합은 계속 설립되고 있어. 2020년 현재 샌프란시스코의 베이 지역에 자리 잡은 플랫폼 노동자 협동조합 수만 해도 이미 90개가 넘어. 다른 지역에서도 참여자 모두가 행복한 공유경제를 실현하기 위한 플랫폼 노동자 협동조합이 생겨나고 있고. 뉴욕시에서는 2017년 플랫폼 노동자가 직접 만든 협동조합도 탄생했어. 청소 서비스 플랫폼인 업앤고(Up & Go)는 라틴아메리카 출신 이주 여성들이 만든 협동조합이야.

쇼미 이주 여성들이 스스로 협동조합을 만들었다고, 놀랍다!

신기 돕는 사람들이 있었어. 너희들 로빈 후드 알지?

현우 로빈 후드를 모르면 지구인이 아니지.

신기 뉴욕시의 로빈 후드 재단(Robin Hood Foundation)은 사회적 약자를 돕는 로빈 후드의 정신을 실천하는 기관이야. 가난한 사람들의 생활수준을 향상시키기 위한 여러 일을 하고 있는데, 이 재단이 업앤고를 만드는 걸 도와주었어. 업앤고를 만들고 나서 조합원들은 다른 인력 서비스 플랫폼을 통해 일을 구했을 때보다 시간당 4달러 정도 더 벌게 되었대. 예전에는 서비스요금의 20~25퍼센트가 수수료로 나갔는데, 업앤고는 서비스요금의 95퍼센트를 일한 사람에게 주고, 5퍼센트만 플랫폼 유지 비용으로 사용하거든.

쇼미 한국에서도 플랫폼 노동자 협동조합이 만들어지면 좋겠다.

신기 플랫폼 노동자 협동조합에 이어서 어떤 형태의 공유경제 협동조합이 탄생할까? 현우가 앞장서서 만들면 좋은데, 아직 일할 수 없는 나이라서 안타깝다.

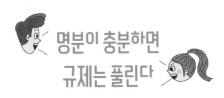

명분이 충분하면 규제는 풀린다

신기 이제 공유경제의 걸림돌인 규제가 풀리는 이야기로 넘어가자. 최근 들어 가장 인기 있는 공유경제 사업 아이템 중 하나가 공유주방이야. 우버 창립자 트래비스 캘러닉이 2017년 CEO 자리에서 물러났다는 이야기를 했지? 비난받을 행동으로 인해 자신이 창업한 우버를 떠났지만 사업가 기질은 죽지 않았나 봐. 그는 2018년 로스앤젤레스에 시티 스토리지 시스템(City Storage Systems)이라는 기업을 세웠어. 그리고 인도의 음식 배달업에서 힌트를 얻어 공유주방에서 음식을 만들어 배달하는 클라우드 키친(Cloud Kitchens) 사업에 뛰어들었지. 클라우드 키친 사업은 공유주방에 대한 세계적인 관심을 불러일으켰어. 그의 첫 해외 사업설명회는 2018년 9월 서울에서 열렸어. 인구 밀집도가 높고, 배달 음식 문화가 발달한 한국이 새 사업의 시험무대로 가장 적합하다고 판단했기 때문이야.

현우 음식이라면 내가 전문가인데. 놓쳤다, 놓쳤어. 내게 딱 맞는 사업 아이템을 놓쳤어.

신기 미국에서 공유주방이 생긴 시기는 1980년대였지만, 사람들의 관심을 받은 건 2010년대부터였어. 한국에서도 2015년 '위쿡'이라는 공유주방이 등장했는데, 큰 관심을 끌지 못했어. 공유주방을 이용하면 창업 비용이 거의 들지 않아서 음식만 잘 만들면 누구나 쉽게 창업할 수 있는데도 말이야. 식품위생법의 규제 때문이었어. 식품위생법은 여러 사업자가 주방을 같이 사용하면 식중독 같은 위생 위험이 커지므로 음식점은 자기만의 주방을 갖추도록 규정하고 있어. 그리고 가공식품이나 HMR(Home Meal Replacement; 가정식 대체식품)을 만드는 기업은 생산시설 허가를 받아야 하는데, 공유주방에서 생산이 이루어지면 업체별로 칸막이를 하고, 조리용 시설도 각자 갖추어야만 허가를 내주었지. 뿐만 아니라 공유주방에서 만들어진 식품은 기업에게 팔 수 없고 개인에게만 팔 수 있었어.

현우 그럼 공유주방에서 배달 음식을 만들어 파는 건 불법이야?

신기 지금은 아니야. 식품위생법은 바뀌지 않았지만 일단 규제 샌드박스를 활용해 규제 문제를 해결했거든. 규제 샌드박스는 새로운 제품이나 서비스에 대해 기존 규제를 받지 않거나 일정 기간 적용하지 않도록 해 주는 제도야. 규제 해결을 제일 먼저 시도한 건 한국도로공사였어. 청년과 저소득층도 고속도로 휴게소에서 식당 운영을 할 수 있는 길을 열어 주려고 규제 특례를 신청했지. 그래서 2019년 5월부터 고속도로 휴게소 두 곳의 공유주방을 주간(8시~20시)에는 휴게소 식당 운영자가, 야간(20시~24시)에는 청년 창업자가 사용할 수 있게 되었어.

이어서 공유주방 기업들도 규제 특례 신청을 했어. 그래서 2019년 7월부터 하나의 주방을 여러 사업자가 함께 이용할 수 있는 길이 열렸지. 덕분에 여기저기서 공유주방이 생겨나 음식을 만들어 파는 요식업계의 새로운 트렌드가 된 거야. 규제 특례로 공유주방을 허용하고 1년간 지켜보니 염려했던 위생 문제는 발생하지 않았어. 그래서 정부는 아예 공유주방에 대한 규제를 없애기로 했단다.

쇼미 두드리면 규제를 푸는 길이 열리는구나.

신기 항상 그런 건 아니고, 합당한 명분이 있어야지. 음식점마다 주방을 갖추라고 한 건 위생관리 때문이었어. 공유주방 기업이 위생관리 책임을 진다면, 목돈이 들어 음식점 창업이 힘들던 사람들에게 저렴한 비용으로 창업할 길을 열어 주는 명분이 되지. 공유주방으로 파괴되는 가치도 없으므로 숙박이나 차량처럼 기존 산업과 갈등을 일으킬 소지도 없고.

현우 공유경제의 걸림돌인 규제가 있다. 이를 풀면 만들어지는 가치가 파괴되는 가치보다 크다. 그렇다면 사업을 포기하지 말고 일단 규제를 풀 시도부터 해야 한다. 맞지?

그런데 트래비스 캘러닉도 한국에서 공유주방 사업을 하고 있어?

신기 응.

현우 다국적 공유경제 기업에게 규제 특례를 해 줄 필요가 있을까? 부스러기 경제가 되는 경영을 하면 우리에게 도움 될 일도 없을 텐데.

신기 《국제거래와 환율 쯤 아는 10대》에서 배운 환율은 금방 현실에 적용했는데, 서비스와 자본의 국제거래에 대한 내용은 잊었나 봐. 다시 말해 줄까? 1995년부터 효력이 발생한 우루과이라운드에 의해서 자유로운 국제거래의 대상은 상품에서 서비스와 자본까지 영역이 넓어졌어. 자본거래가 자유로워지면서 다른 나라 사람이나 기업이 한국에서 새 사업을 벌이거나 이미 세워진 기업을 인수하기 위한 투자를 할 수 있게 되었고. 수요와 공급이 전 세계적으로 이루어지는 숙박 공유시장에서는 한국 기업이 세계적인 네트워크를 가진 다국적기업과 경쟁하는 게 쉽지 않아. 하지만 차량, 주방, 일자리 중개처럼 공유가 나라 안에서 이루어지는 분야는 사정이 다르지. 당근마켓처럼 지역 기반으로 이루어지는 공유경제라면 지역을 잘 아는 한국 기업이 훨씬 경쟁력을 가질 수 있어. 지레 겁먹을 필요 없다고.

공유경제가
시민에게 웃음을

신기 돈이 많은 사람과 경제적 여유가 없는 사람 중 누가 공유경제 활동에 더 적극적일까?

쇼미 당연히 경제적 여유가 없는 사람이지. 필요한 것들을 사지 않고 빌려서 사용하면 돈을 절약할 수 있으니까.

신기 맞아. 그래서 한국을 비롯한 많은 나라에서 지방자치단체들이 시민 복지를 위해 직접 공유경제 사업을 하거나 공유경제 기업을 지원해 주는 정책을 펴고 있어. 물론 전에도 도서관, 공원, 대중교통 수단 등 시민이 공유하는 것들이 있었지. 쇼미는 사전 찾는 걸 좋아하지? 도서관의 뜻풀이가 무언지 찾아볼래?

쇼미 온갖 종류의 책, 문서, 기록, 출판물 따위의 자료를 모아 두고 일반인이 볼 수 있도록 한 시설.

신기 그런데 앞으로 도서관의 낱말 풀이는 바뀔지도 몰라. 많은 곳에서 장난감 도서관, 공구 도서관 같은 새로운 도서관이 생겨나고 있거든. 2010년 문화체육관광부의 연구에 따르면 공공도서관에 1000원을 투자했을 때 도서관 이용자들이 얻는 경제적 가치는 3660원이라고 해. 그런데 공유경제가 관심을 끌면서 지방자치단체들은 공유를 통해 경제적 가치를 키울 수 있는 다른 물건들을 빌려주는 사업을 시작했어. 장난감은 사용 기간이 짧고, 공구는 사용 빈도는 낮지만 꼭 필요한 물건이지. 이런 물건들을 필요할 때 잠시 빌릴 수 있는 도서관에 대한 사람들의 반응은 아주 좋아.

현우 그러고 보니 나도 협력적 소비를 했다. 지난겨울 교복 물려주기 행사장에서 교복을 샀거든. 입학할 때 샀던 교복이 작아서 새로 살까 말까 망설이고 있었는데, 마침 구청에서 교복 물려주기 행사를 했어. 덕분에 공짜나 다름없는 가격으로 내게 맞는 교복을 샀지. 부모님께서 기특하다고 특별 용돈까지 주셨으니 꿩 먹고 알 먹은 셈이 되었지 뭐야.

신기 어이구, 정말 기특하네. 물건뿐만 아니라 미국의 '픽스잇클리닉(Fix-It Clinics)'처럼 기술이나 재능을 나누는 활동도 있어. 주민들이 함께 모여 기술자들로부터 고장 난 가정용품 수리 방법을 배우며 이웃의 정을 나누는 프로그램이야.

쇼미 언젠가 공유도시라는 말을 들은 것 같은데, 제대로 기억한 건지 모르겠다.

신기 지금 말하려는 주제가 바로 공유도시 이야기야. 공유도시는 공유경제에 대한 시민들의 의식을 높이고 참여를 이끌어 내

픽스잇클리닉 프로그램에 참여하여 고장 난 물품을 수리하는 사람들.
픽스잇클리닉은 2009년 미국 미네소타주에서
기술과 재능의 공유 활동을 통해 버려지는 자원을 줄이려는 목적으로 시작되었다.

어 공유경제 활동이 활발하게 이루어지는 도시를 말해. 추구
하는 목표는 공유경제로 시민의 행복감을 높여 주자는 거지.
아직 걸음마 단계이기는 하지만 공유도시에 대한 관심은 세
계 여러 도시에서 높아지고 있어. 2012년 9월 다른 도시들보
다 앞서서 '공유도시(Sharing City) 서울'을 선언한 서울의 공

유도시 사업을 알아보기로 할까?

공유도시 서울 프로젝트 중 가장 널리 알려진 사업은 '서울 자전거 따릉이'야. 지금은 서울뿐 아니라 많은 도시에서 공공 자전거 사업을 하고 있어.

현우 혹시 우리 집 근처에서 따릉이를 빌릴 수 있어?

신기 가능할걸. 지금 확인해 보자.

현우 야호! 집에서 가까운 곳에 따릉이를 빌리고 반납하는 곳이 있어. 새 자전거를 사려고 돈을 모으는 중이었는데 필요할 때 빌려서 타야지.

쇼미 언니가 지식은 단순하게 아는 것에서 그치면 안 된다고 계속 이야기했는데, 현우가 배운 걸 제대로 활용하네. 따릉이 외에 다른 사업은 뭐야?

신기 서울시 홈페이지를 찾아보자. 여기 '공유도시(Sharing City) 우선추진사업과 기반조성사업'이라는 자료가 있다.

현우 사업 종류가 많구나. 제목을 보니까 어떤 사업인지 대충 감이 잡혀. 그런데 '한지붕 세대공감 프로젝트'는 뭐지?

신기 남는 방이 있는 어르신과 살 곳이 필요한 대학생을 연결해 주는 사업. 전에 우리 신문에서 기사로 다룬 적이 있어. 어르신들은 시세보다 저렴한 임대료를 받고 방을 제공하고, 함께

• http://news.seoul.go.kr/gov/archives/23830 참조

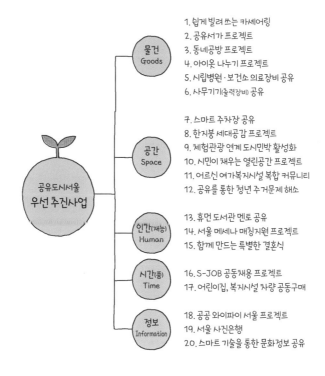

공유도시서울
우선 추진사업

물건
Goods
1. 쉽게 빌려 쓰는 카셰어링
2. 공유서가 프로젝트
3. 동네공방 프로젝트
4. 아이옷 나누기 프로젝트
5. 시립병원·보건소 의료장비 공유
6. 사무기기(출력장비) 공유

공간
Space
7. 스마트 주차장 공유
8. 한지붕 세대공감 프로젝트
9. 체험관광 연계 도시민박 활성화
10. 시민이 채우는 열린공간 프로젝트
11. 어르신 여가복지시설 복합 커뮤니티
12. 공유를 통한 청년 주거문제 해소

인간(재능)
Human
13. 휴먼 도서관 멘토 공유
14. 서울 메세나 매칭지원 프로젝트
15. 함께 만드는 특별한 결혼식

시간(품)
Time
16. S-JOB 공동채용 프로젝트
17. 어린이집, 복지시설 차량 공동구매

정보
Information
18. 공공 와이파이 서울 프로젝트
19. 서울 사진은행
20. 스마트 기술을 통한 문화정보 공유

사는 대학생은 한 주에 다섯 시간 정도 어르신들을 위해 청소, 장보기 등 일을 해 줘.

쇼미 한집에서 살다 보면 공간을 공유하는 관계가 발전해서 가족 같은 정이 생길 것 같아.

신기 공유도시가 추구하는 가치를 제대로 파악했구나. 물건, 공간, 재능, 시간, 정보 등을 나누는 것으로 그치지 않고, 한 울타리 속에서 서로 돕고 살아가는 공동체를 만들자는 거지.

공간 분야에 스마트 주차장 공유가 있지? 저스트파크

(JustPark)는 세계 제일의 주차장 공유 기업이야. 2006년 영국 런던에서 파크앳마이하우스닷컴(ParkatmyHouse.com)으로 출발했어. 2019년 말 기준 등록고객은 350만 명, 공유주차장은 4만 5000개, 직원은 95명이야. 에어비앤비의 직원이 거의 1만 3000명에 이르는 것과 비교하면 규모가 작지? 빌려줄 빈 방은 많지만 주차 공간은 제한되어 있어서 사업 규모를 키우는 일이 쉽지 않은 탓이지. 그런데 서울뿐만 아니라 전 세계 도시 사람들이 가장 원하는 공유경제 분야는 공유주차장이야. 이처럼 수익성이 높지 않아 민간 기업의 진출이 이루어지기 힘든데 시민들은 절실히 원하는 공유 모델을 공유도시 사업으로 지원해 주는 거야. 구청의 지원을 받아 대문과 담장을 허물어 주차 공간을 만들어 빌려주면 집주인은 용돈벌이를 할 수 있어. 이런 일을 공유도시 사업으로 하면 좋겠다 싶은 아이디어가 떠오르면 시민제안 사업으로 올려 봐.

그건 그렇고. 너희들 패션을 보니 오늘은 공유경제 이야기보다 자전거 탈 분위기인데. 나머지 이야기는 자전거 타고 나서 하고, 지금은 따릉이를 타러 갈까?

현우 아하, 자전거를 함께 타자는 이유를 알았다. 함께 공유경제 체험을 해 보자는 거지?

신기 눈치 빠르네.

내 것을 사용할 때처럼

신기 여기서 자전거를 반납하자.

쇼미 셋이 함께 자전거를 탄 게 얼마 만인지 모르겠다. 기분 최고
야!

신기 따릉이를 타자고 한 숨은 이유는 관리 상태를 확인하고 싶어
서였어. 공유경제가 성장하는 데 큰 걸림돌이 되는 게 있거
든. 나만의 것을 사용할 때보다 공유하는 물건을 함부로 사용
한다는 점. 이 사진 좀 볼래?

2017년 베이징

현우 헉, 웬 자전거 더미!

신기 2017년 11월 중국 베이징 거리에 아무렇게나 내동댕이쳐진 공유자전거들이 뒤엉켜 있는 사진이야. 2017년 중국에서 공부하는 외국인 유학생들은 공유자전거를 고속철, 인터넷 쇼핑, 즈푸바오(온라인 결제시스템)와 함께 중국의 신(新) 4대 발명품으로 뽑았단다. 고대 중국의 4대 발명품인 종이, 나침반, 화약, 인쇄술이 세계 역사를 바꾼 기술력의 상징이었듯이, 신 4대 발명품은 현대 중국의 자랑거리였지. 특히 공유자전거는 '이동수단의 미래'라는 찬사를 받았어.

2014년 가장 먼저 공유자전거 사업을 시작한 '오포(ofo)'의 경우 99위안(약 1만 7000원)의 보증금을 내고 회원 가입을 하면 20위안(약 3500원)으로 한 달간 마음껏 자전거를 타게 했어. 자전거 거치대는 없고, QR코드를 스캔해 자전거를 빌려 탄 뒤 어디서든 반납하면 되었단다. 2015년 설립된 '모바이크(Mobike)'의 경우는 보증금 299위안, 월 20위안으로 하루 두 시간까지 마음대로 탈 수 있었지. 사람들은 공유자전거에 열광했고, 2016년 중국 내 공유자전거 기업은 130여 개에 이를 정도로 늘어났어. 베이징과 상하이, 광저우 등 중국 대도시에는 인구보다 많은 공유자전거가 배치될 정도였지.

그러나 공유자전거는 중국의 골칫거리가 되어 버렸어. 함부로 다루어 망가지고 부서진 자전거가 너무 많아 관리가 힘들어졌거든. 공유자전거 기업들은 대부분 파산했고, 중국 대도시에는 여기저기 망가진 자전거 더미가 산처럼 쌓였지.

쇼미 내 것이 아니라고 함부로 사용해서 오히려 자전거 수명이 짧아져 버렸구나. 공유경제로 자원을 절약하면 지구 환경을 보호할 수 있다는 말이 무색해진 거네.

신기 공유물품을 함부로 사용해서 문제가 된 사례는 중국에서만 있었던 게 아니야. 프랑스에서는 2011년 세계 최초로 전기차 공유시스템인 오토리브(Autolib')가 선을 보였어. 차량 공유를 통해 자동차 소유 문화를 바꾸고 친환경 전기차 운행으로 공기의 질을 개선하는 일석이조의 효과를 기대하면서 말이야. 파리시와 인근의 100여 개 지방자치단체가 운영 기업을 선정하여 오토리브 서비스를 시작했지. 앱으로 주차장 위치와 승차 가능 대수를 확인한 후 전기차를 예약하여 운행하고, 목적지 근처 주차장에 다시 주차하는 시스템이었어. 파리에서 자동차를 소유하면 연간 비용이 3000~5000유로(2011년 12월 5일 기준 약 427만~709만 원) 정도 들어가. 그런데 오토리브는 매월 10유로(약 1만 4000원)와 30분당 6유로(약 8500원)를 내거나 월정요금 없이 또는 매월 내는 돈 없이 30분당 9유로(약 1만 2700원)를 내면 사용할 수 있었어.

오토리브 가입자가 15만 명에 이를 정도로 반응이 좋았지만 2014년쯤부터 이용률이 떨어지기 시작했단다. 차를 험하게 사용해서 성능이 떨어지고 고장이 잦은 문제가 생겼거든. 뿐만 아니라 파리 도심에서 차를 빌리고 수요가 거의 없는 교외에 주차하는 일도 자주 일어나 관리비용이 많이 들었고. 결국 운영 기업은 적자를 면치 못했고, 2018년 7월 서비스는 중단되었어.

현우 따릉이 관리 상태가 괜찮은 걸 보면 우리는 선진 시민이지?

신기 과연 그럴까? 2016년 2000대 자전거로 서비스를 시작한 따릉이는 시민들의 큰 호응을 얻으며 대여소와 자전거 대수가 계속 늘어났어. 2019년 8월 기준 자전거 수는 2만 5000대, 총 이용 건수가 2800만 건을 넘는 성공적인 공유시스템으로 자리 잡았지. 그런데 2020년 따릉이 운영 예산은 210억 원이 넘어. 시민의 편의를 위해 비용을 들여서 관리하니까 지속적으로 운영되는 거야. 민간 기업이라면 중국의 공유자전거 기업처럼 적자로 두 손 들어 버렸을걸.

쇼미 우리의 시민정신을 너무 낮게 평가하는데.

신기 근거 없이 그렇게 말하는 건 아니야. 2019년 여름 서울시가 '서울로 7017'에서 시민들에게 무료로 양산을 빌려준 지 한 달 반 만에 비치된 양산 400개 중 300개가 넘는 양산이 사라졌대. 2018년 서울시가 영등포구 여의도와 마포구 상암동에 따릉이 안전모 2500개를 두 달간 무료로 사용하게 했을 때는 27퍼센트가량이 분실됐고.

현우 따릉이를 타 보고 공유경제의 미래는 시민정신이 얼마나 성숙하느냐에 달려 있다는 걸 깨닫게 하고 싶었던 거지?

신기 그런 의도가 있긴 했어. 공유주택이 계기가 되어 제법 긴 시간 동안 공유경제 이야기를 나누었지? 미처 다루지 못한 내용들이 있지만 이쯤에서 마무리하자.

쇼미 이야기를 끝내기 전에 물어볼 게 있어. 공유경제 간판스타였던 우버와 에어비앤비는 더 이상 공유경제 기업이라 할 수 없고, 공유물품을 내 것처럼 사용할 정도로 시민의식이 성숙한 것도 아니야. 그렇다면 공유경제는 한때의 유행으로 끝나지 않을까?

신기 2010년대만큼 높은 관심을 받지 못하더라도 공유경제는 꾸준히 성장할 거야. 생활환경이 사지 않고 빌려서 사용하는 게 이득인 쪽으로 변하고 있거든. 2000년 226만 명이던 한국의 1인 가구 수는 2010년 417만 명, 2019년 599만 명으로 계속 증가하고 있어. 1인 가구가 늘어나면서 빨래방을 이용하는 사람들이 늘어났어. 혼자 사용하려고 세탁기를 사는 것보다 빨래방을 이용하는 게 좋으니까. 필요하면 사야 한다는 생각이 사라지고 있는 거지.

성장을 확신하는 또 다른 이유는 공유경제가 신뢰를 형성하여 협력을 가능하게 하는 사회적 가치를 만들어 내기 때문이지. 경제적 이득을 고려하여 공유경제 소비를 택했더라도 경험을 통해 신뢰와 협력이라는 사회적 가치를 경험하게 될 거야. 그래서 레이철 보츠만이 말했던 것처럼 '우리'의 문화가 점점 커지면서 공유경제는 지속적으로 성장할 거라고 봐.

현우 나도 하나만 물어볼게. 공유경제를 통해 재분배하고 재활용하여 재화의 사용 주기가 늘어나면 생산이 줄어들어 GDP가 낮아져. 그러면 경제성장률이 낮아지는데, 각 나라 정부들이 공유경제를 키우는 정책을 펼 수 있을까?

신기 이처럼 예리하고 수준 높은 질문을 하다니, 경제를 분석하는 안목이 제법인데. 저성장이 세계적인 추세로 자리 잡으면서 경제정책은 성장이 아니라 삶의 질을 향상시키는 쪽으로 바뀌어야 한다는 주장이 힘을 얻고 있어. 더불어 국제연합개발계획(UNDP)이 매년 세계 각국의 삶의 질을 평가하여 발표하는 인간개발지수(Human Development Index) 같은 지표에 대한 관심도 높아졌고. 뿐만 아니라 공유경제가 성장하더라도 경제성장률이 둔화되지 않을 것으로 보는 사람도 있어. 건물이나 자동차를 빌려서 사용함으로써 생긴 여윳돈이 투자 자금이 되어 삶의 질을 높이는 새로운 산업 분야에서 새로운 일자리를 만들어 낼 수 있다는 거야.

아무튼 공유경제가 삶의 질을 높이는 데 긍정적인 경제 모델이라면 정부는 공유경제의 성장에 걸림돌이 되는 규제를 풀 수밖에 없어. 앞으로 공유경제에 대한 법규나 제도들이 기존 산업과의 형평성을 고려하면서 차근차근 만들어질 거야.

쇼미 언니는 공유경제가 삶의 질을 높일 수 있다고 확신하는 거지?

신기 물론이지. 그리고 공유경제가 참여자 모두가 행복한 방향으로 성장하면 소득 불평등을 줄이는 효과도 생길 거라고 봐. 경제활동에서 거대 기업과 금융기관이 차지하는 역할이 줄어들 테니까 말이야. 마흔 살에 '셰어러블'을 공동창업하며 공유경제 전도사로 제2의 인생을 사는 닐 고렌플로(Neal Gorenflo)는 이렇게 말했어.

"누군가를 도울 수 있는 공유의 개념을 확산시키면서 삶의 만족감이 10배로 더 커졌습니다. 의미 있는 일을 하게 되었기 때문이죠. 예전에는 뭔가 늘 부족함을 느꼈는데 셰어러블 일을 하면서 삶이 더 풍요해진 걸 느낍니다."

우리도 공유가 누군가를 도울 수 있다는 그의 말을 믿어 보자고.

일주일 후

가방 어때?

신기 언니
예쁘다. 손으로 만든 것 같네.

동네 알뜰시장에서 득템했지. 단돈 천 원. ㅎㅎ

현우
알뜰해.

협력적 소비 실천~~

현우

현우
독일 푸드 셰어링 사진. 시민제안 사업으로 내 볼까?
이웃도 돕고, 지구도 살리고 ㅋㅋ

신기 언니
ㅎㅎ 공유경제를 이야기한 보람이 있네.
공유경제 전도사가 다 됐어. 나도 뭔가 하고 올릴게^^

참여자 모두가 행복한 경제

2008년 세계 경제 위기로 인해 현재 자본주의 시스템에 대한 불안이 커지며 사람들은 미래를 위한 대안을 찾게 되었어. 대안 중 하나로 떠오른 것이 공유경제야. 제러미 리프킨은 2014년 출간한 《한계비용 제로 사회(The Zero Marginal Cost Society)》에서 자원 낭비를 줄여 주는 공유경제가 생태학적으로 가장 효율적이며 지속가능한 경제로 가는 지름길이라고 예찬했지. 하지만 상업적 공유경제 플랫폼으로 벤처캐피탈의 투자가 몰리며, 공유경제가 만들어 낸 가치는 참여자 모두가 함께 공평하게 나누지 못하는 방향으로 흘러갔어. 하지만 공유경제가 가진 가치가 사라진 건 아니야. 그렇다면 이제 우리가 할 일은 무엇일까? 길을 가다가 잘못된 길로 들어선 걸 알았다면 되돌아 나와서 처음에 가려고 했던 길을 찾아야 해. 마찬가지로 공유경제가 잘못된 길을 가는 걸 알았다면 돌아서서 제대로 된 길을 찾아야지.

공유경제가 제대로 된 길을 찾는 데 반드시 새겨야 할 말이 떠오르네. "인간이 자신의 행복을 위해 스스로 조절하고 통제할 수 있을 정도의 경제 규모를 유지할 때 비로소 쾌적한 자연환경과 인간의 행복이 공존하는 경제 구조가 확보될 수 있다." 1973년에 출간되어 경제학의 고전이 된《작은 것이 아름답다(Small Is Beautiful)》의 저자 에른스트 프리드리히 슈마허(Ernst Friedrich Schumacher)가 한 말이야.

그래서 소박하지만 따뜻한 '열린옷장' 이야기를 들려주고 싶어. 열린옷장은 2011년 세 명의 직장인이 후배들의 면접용 복장 걱정을 덜어 주기 위해 벌인 커뮤니티 활동이 발전해서 세워진 비영리 법인이야. 기업은 채용할 직원을 결정하기 전에 일하는 데 필요한 능력을 갖추었는지, 기업 문화에 잘 적응할 수 있을지, 태도와 인성은 어떠한지 등을 판단하려고 지원자를 직접 만나서 질문하고 답을 듣는 시간을 가져. 면접은 서류 심사와 필기시험, 프리젠테이션 등의 과정을 통과한 사람들 중 최종 합격자를 정하는 마지막 관문이야. 면접에 임하는 지원자들은 단정하고 차분한 느낌을 주려고 정장 차림에 구두를 신는데, 이를 모두 사려면

제법 많은 돈이 들어. 경제적 부담을 피해 보려고 선배나 친구에게 빌려 보려고도 하지만, 몸에 맞는 옷이나 구두를 빌리는 게 쉬운 일은 아니지. 그런데 이제 면접용 복장을 걱정할 필요가 없어졌어. 자주 입을 일이 없거나 체형이 변해 옷장 속에 잠들어 있는 정장을 기증받아 면접을 앞둔 사람들에게 빌려주는 열린옷장을 찾아가면 되거든. 3박 4일 동안 정장 한 벌과 와이셔츠나 블라우스, 구두를 빌리는 비용은 3만 원이야. 이마저도 부담스러운 취업 준비생을 위해 서울시를 포함한 여러 지방자치단체가 대신 부담해 주는 제도도 생겼어.

열린옷장은 나에게 필요 없는 자원을 다른 사람에게 나눔으로써 새로운 가치를 만들어 내는 공유경제의 장점을 잘 살린 사업 모델이지. 그런데 열린옷장을 통한 공유는 경제적 가치만 만들어 내는 게 아니야. 옷을 기증하는 사람은 옷에 담긴 추억과 경험을 함께 선사하고 때로는 옷을 빌릴 사람을 응원하는 메시지도 남겨. 옷을 빌린 사람은 빌린 옷을 입으며 느낀 감사의 마음은 물론 자신의 꿈과 희망 등을 남기기도 하지. 열린옷장에 쌓인 이런 이야기들을 하나하나 읽어 봐. 공유경제가 참여자 모두를 행복하게 만드는 사회적 가치를 만들어 낸다는 걸 깨닫게 될 거야.

기술 혁신은 공유경제를 세상으로 끌어냈어. 공유경제가 참여

자 모두가 행복한 경제가 될지 아닐지는 이제 사람들의 가슴에
달려 있어. 난 공유경제가 제대로 된 길을 찾아서 나아갈 거라고
믿어. 네 생각은 어때?

사회 쫌 아는 십대 10

공유경제 쫌 아는 10대
협력과 나눔으로 즐기는 새로운 경제

초판 1쇄 인쇄 2020년 9월 10일
초판 1쇄 발행 2020년 9월 15일

지은이 석혜원
그린이 신병근
함께 그린이 이혜원·선주리

펴낸이 홍석
이사 홍성우
기획·책임편집 김재실
편집 홍순용
디자인 신병근
마케팅 이가은··이송희
관리 김정선·정원경·최우리

펴낸곳 도서출판 풀빛 등록 1979년 3월 6일 제8-24호
주소 03762 서울특별시 서대문구 북아현로 11가길 12 3층
전화 02-363-5995(영업), 02-362-8900(편집) 팩스 02-393-3858
홈페이지 www.pulbit.co.kr 전자우편 inmun@pulbit.co.kr
사진 자료 위키피디아

ISBN 979-11-6172-776-9 44320
ISBN 979-11-6172-731-8 44080(세트)

이 도서의 국립중앙도서관 출판예정도서목록(CIP)은 서지정보유통지원시스템(http://seoji.nl.go.kr)과
국가자료종합목록구축시스템(http://kolis-net.nl.go.kr)에서 이용하실 수 있습니다.
(CIP제어번호 : CIP2020032396)